本书得到2012年度北京教育委员会社科计划面上项目
《泛北京地区绿色物流体系的构建研究》资助

泛北京地区绿色物流体系的构建研究

郭慧馨　陈　恒　沈　玲　著

中国财富出版社

图书在版编目（CIP）数据

泛北京地区绿色物流体系的构建研究／郭慧馨，陈恒，沈玲著．—北京：中国财富出版社，2013.12

ISBN 978－7－5047－5084－6

Ⅰ.①泛…　Ⅱ.①郭…②陈…③沈…　Ⅲ.①物流—物资管理—无污染技术—研究—北京市　Ⅳ.①F259.271

中国版本图书馆CIP数据核字（2013）第303178号

策划编辑	郑欣怡	**责任印制**	方朋远
责任编辑	戴海林　苏　娜	**责任校对**	饶莉莉

出版发行	中国财富出版社（原中国物资出版社）		
社　　址	北京市丰台区南四环西路188号5区20楼	**邮政编码**	100070
电　　话	010－52227568（发行部）		010－52227588转307（总编室）
	010－68589540（读者服务部）		010－52227588转305（质检部）
网　　址	http：//www.cfpress.com.cn		
经　　销	新华书店		
印　　刷	北京京都六环印刷厂		
书　　号	ISBN 978－7－5047－5084－6/F·2079		
开　　本	710mm×1000mm　1/16	**版　　次**	2013年12月第1版
印　　张	13.25	**印　　次**	2013年12月第1次印刷
字　　数	210千字	**定　　价**	32.00元

前　言

物流的发展与社会经济、科学技术的发展水平密切相关。传统的物流概念重视商品的供应过程，更多的是强调物流成本、提高服务质量和加强物流管理。物流活动对环境造成的负面影响随着经济的快速发展而加剧，从而对社会经济的可持续发展产生消极的影响。因此，基于可持续发展的需要，从环境的角度对物流体系进行改进，形成绿色物流管理系统，是新的物流管理趋势。近年来，物流活动作为商品交易的实现手段备受关注。尤其是电子商务的发展，也给物流行业 GDP 的快速增长提供了基础。与此同时，物流活动对环境的负面影响也日渐凸显。绿色物流不仅对环境保护和社会经济的可持续发展具有重要的意义，也会给企业发展带来巨大的经济效益。实践证明，绿色物流的价值不仅体现在理论上，更体现在其对企业、对社会的具体的经济价值上。发展绿色物流是有利于社会经济可持续发展的战略措施。

本书是北京市教委一般面上项目“泛北京地区绿色物流体系的构建研究”的重要成果之一，书中针对绿色物流、泛北京地区绿色物流体系的构成、泛北京地区绿色物流体系的经济性、泛北京地区绿色物流体系推进中存在的问题、推进策略以及该体系对北京地区乃至全国的重要影响做出了具体的分析。本书的创新点包括泛北京地区地域范围的界定、对泛北京地区绿色物流体系的构建原则、绿色物流体系网络构成、内涵构成等。

本书的撰写人员长期从事物流的研究工作，在物流成本、物流效率、行业物流、绿色物流等方面都有独到的观点。郭慧馨，北京联合大学商务学院教师，长期从事现代物流与供应链管理研究，负责撰写本书的第二章和第六章，计十万余字。沈玲，对外经济贸易大学博士研究生，致力于物流与供应链管理领域的教学和科研工作，负责撰写本书的第三章、第四章和第五章，计五万余字。陈恒，北京联合大学商务学院人事处副处长，主要从事物流管理方面的研究，负责撰写本书的第一章和第七章，计五万余字。

本书在撰写过程中得到了相关专家领导、同事、朋友的大力支持，在此一并表示感谢。

作　者

2013 年 10 月

目　录

第一章　绿色物流体系

第一节　绿色物流体系的概念与内涵

一、物流概念的起源与演变

物流活动具有悠久的历史，从人类社会开始有经济活动以来就存在物流活动，但是作为一门研究学科，源于第二次世界大战，战后美国的管理者将其从军事领域运用到商业活动中并取得成功。

1915 年，美国经济学家阿奇·肖（Arch Shaw）在其出版的《市场流通中的若干问题》（Some Problems in Market Distribution）一书中最早提出了物流概念，“物流是与创造需求不同的一个问题”，并提到“物资经过时间或空间的转移，会产生附加价值”。

1918 年，在第一次世界大战期间，英国尤尼里佛的利费哈姆勋爵成立了“即时送货股份有限公司”，其公司宗旨是在全国范围内把商品及时送到批发商、零售商以及用户的手中，这一举动被一些物流学者誉为有关“物流活动的早期文献记载”。第二次世界大战期间，美国军队建立了“后勤”理论，并将其用于战争活动中。“后勤”是指将战时物资生产、采购、运输、配给等活动作为一个整体进行统一布置，以求战略物资补给的费用更低、速度更快、服务更好。此后“后勤”一词在企业中广泛应用，又增加了商业后勤、流通后勤的提法，这时的后勤包含了生产过程和流通过程的物流，因而是一个包含范围更广泛的物流概念。

1935 年，美国销售协会最早对物流进行了定义：“物流是包含于销售之中的物质资料和服务，是从生产地到消费地流动过程中伴随的种种活动”。

1961 年，爱德华 · 斯马凯伊（Edward W. Smykay）和唐纳德 J. 鲍尔素克斯（Donald J. Bowersox）等人，详细论述了物流系统以及整体成本的概念。1962 年，美国学者德鲁克在《财富》上发表题为《经济的黑暗大陆》的文章，提出物流是降低成本的最后领域，并积极强调“第三利润源泉”说。

1963 年，全美实物配送管理协会（National Council of Physical Distribution Management，NCPDM）对物流管理的定义是：“物流管理是为了计划、执行和控制在制品库存及制成品从起源地到消费地的有效率流动而进行的两种或多种活动的集成”。

1964 年，日本开始使用物流这一概念。使用这个术语以前，日本把与商品实体有关的各项业务，统称为“流通技术”。1965 年，日本在政府文件中正式采用“物的流通”这个术语，简称为“物流”。

物流研究已从理论体系的形成与实践推广阶段（1950—1978 年）、物流理论的成熟与物流管理现代化阶段（1978—1985 年）进入到物流理论实践的纵深化阶段（1985 年至今）。

1980 年，全美实物配送管理协会在定义物流概念时将物流称之为：“有计划地对原材料、半成品及成品由生产地到消费地的高效流通活动。”“物流”是个经济范畴，从一定意义上说，其也是“商流”的对称。

1985 年，全美实物配送管理协会更名为美国物流管理协会（The Council of Logistics Management，CLM），将物流定义为：“物流是以满足客户需求为目的，以高效和经济的手段来组织原材料、在制品、产成品以及相关信息从供应到消费的活动和仓储计划、执行和控制的过程。”物流一般包括运输、保管、装卸、包装、流通加工和信息管理。

1992 年，美国物流管理协会修订了物流定义，将 1985 年定义中的“原材料、在制品、产成品”修改为“产品、服务”，从而大大拓展了物流的内涵与外延，既包括生产物流，也包括服务物流。其当年提出的物流定义是：“物流是为满足消费者需求而进行的对产品、服务及相关信息从起始地到消费地的有效率的流动与存储的计划、实施与控制的过程。”

1998 年，美国物流管理协会对物流最新的定义是："物流是供应链的一部分，是为了满足客户需求而对产品、服务及相关信息从原产地到消费地的高效率、高效益的正向和反向流动及仓储进行的计划、实施与控制过程。"

2001 年，美国物流管理协会对物流的定义又进行了完善："物流是供应链运作中，以满足客户的要求为目的，对产品、服务和相关信息在产出地和销售地之间实现高效率和低成本的正向和反向的流动和仓储所进行的计划、执行和控制的过程。"

我国开始使用"物流"一词始于 1979 年（有人认为，孙中山主张的"贸畅其流"可以说是我国"物流思想的起源"）。1979 年 6 月，我国物资工作者代表团赴日本参加第三届国际物流会议，回国后在考察报告中第一次引用和使用"物流"这一术语。1988 年中国台湾也开始使用"物流"这一概念。1989 年 4 月，随着第八届国际物流会议在北京的圆满闭幕，"物流"一词才在我国日益推广开来，物流概念开始在我国各个领域出现，"研究物流"、"发展物流经济"开始成为流行语言，并掀起了物流研究的热潮。

2001 年 4 月 17 日，我国颁布的《物流术语》对物流的定义是："物流是物品从供应地向接收地的实体流动过程。根据实际需要，将运输、储存、搬运、包装、流通加工、配送、信息处理等基本功能实施有机结合。"

在本书中，沿用我国从狭义和广义两层面对物流的定义，即狭义的物流是指产品出厂后的包装、运输、装卸、仓储的过程。广义的物流是指为了满足客户的需求，以最低的成本，通过运输、保管、配送等方式，实现原材料、半成品、成品或相关信息进行由商品的产地到商品的消费地的计划、实施和管理的全过程。

二、绿色物流产生背景

（一）绿色物流源于人类环境保护意识的觉醒

随着经济全球化进程的不断推进，各类生产要素的获取和产品营销范围的日益扩大，专业化分工和物流技术的不断发展，现代物流在社会再生产中发挥越来越重要的作用。但是，伴随着大量生产、流通和消费而产生的大量废弃物对经济发展和社会发展产生了严重的影响，尤其对人们赖以生存的环境造成了深刻影响，这一方面造成资源的枯竭，使人类面临因资源减少而带来的生存危机；另一方面大量废弃物的产生对生态环境和人类健康构成严重的危害。严酷的现实使人们不得不对传统的从生产到消费的线性经济运作模式产生怀疑。20 世纪 90 年代，生态环境问题逐渐引起人类的重视，而物流作为实现社会生产和消费活动中的重要环节，同时也是产品生命周期环境管理中的一个重要环境因素，也日渐被人们所重视。同时，也由于可持续发展概念的提出及在各个领域的推广，标志着综合性的、全面参与性的环境治理模式的展开。绿色物流的产生背景是基于生态环境已经非常脆弱，人们对生态环境的保护而提出来的，其目的是在物流各环节中降低对环境的负面影响。

物流对于环境的影响主要包括以下几方面：

1. 运输对环境的影响

运输是物流活动中最重要、最基本的活动。运输活动中，不合理的货运网点及配送中心布局，导致货物迂回运输，增加了车辆燃油消耗，加剧了废气污染和噪声污染；过多的在途车辆增加了道路面积的使用，造成了交通堵塞；运输过程中出现的事故也可能对环境造成污染。

2. 仓储活动对环境的影响

作为物流活动的基本功能之一，仓储活动解决了商品生产与消费在时间上的差异。但有些商品的特殊护养会污染环境；一些易燃易爆物、化学危险品也会由于保管不当带来环境问题。

3. 包装对环境的影响

包装具有保护商品品质、美化商品和便利销售及运输等作用，但现在商品的包装材料如市场上流行的塑料袋、铝制易拉罐等会给自然界留下长久污染。

4. 其他方面对环境的影响

不当的搬运操作既会损坏商品还有可能对环境造成污染；不合理的流

通加工方式会对环境造成负面影响，如过于分散、不利于回收利用等；错误的信息会给环境带来不利的影响，如错误的订货信息会使工作无效从而造成浪费。

因此，在当前社会逐渐形成“尊重绿色，保护绿色，倡导绿色”的文化环境之时，物流业发展也应该注意保护环境。进入21世纪，物流需要把有效利用资源和维护地球环境放在发展的首位，建立全新的从生产到废弃全过程效率化的、信息流与物质流循环化的绿色物流系统。目前，世界上各国都在尽力把绿色物流的推广作为物流业发展的重点，积极开展绿色环保物流的专项技术研究（如在物流系统和物流活动的规划与决策中尽量采用对环境污染小的方案，如采用排污量小的货车车型、近距离配送、夜间货运，以减少交通阻塞、节省燃料和降低排放等），促进新材料的广泛应用和开发，进行回收物流的理论和实践研讨，以及积极出台相应的绿色物流政策和法规，努力为绿色物流的绿色化和可持续发展奠定基础。

（二）各国政府和国际组织的倡导

绿色物流的发展与政府行为密切相关。凡是绿色物流发展较快的国家，都得益于政府的积极倡导。各国政府在推动绿色物流发展方面所起的作用主要表现在：一是追加投入以促进环保事业的发展；二是组织力量监督环保工作的开展；三是制定专门政策和法令来引导企业的环保行为。有关国家和人士提出和发起，联合国倡议和引导的一场旨在保护地球环境，保护自然资源的“绿色革命”在生产、流通和消费领域应运而生，并逐渐风靡全球。这种绿色概念逐步渗透到社会的各个领域和行业。当代物流运营作为商品贸易的重要环节，同样也存在高效节能、绿色环保等可持续发展问题。可持续发展是在人类要求实现人口、资源、环境与经济持续协调发展的过程中提出的。在此背景下，20世纪90年代，全球兴起了以可持续发展为目标的绿色浪潮，物流领域同样兴起了绿色革命。将可持续发展思想应用于物流，就产生了绿色物流的概念。把兼顾环境保护的可持续发展理论应用于现代物流业，就是要求从生态经济的角度对现代物流进行研究，改变原有的物流活动对生态环境的负面影响，形成物流活动与生态环境相容，同时又能促进社会经济健康发展的现代物流系统——“绿色物流”。

2006年发布的《中华人民共和国国民经济和社会发展第十一个五年规划纲要》把大力发展现代物流业作为加快服务业迅速发展的重要规划内容，并提出通过培育专业化物流企业，积极发展第三方物流，建立物流标准化体系并加强物流新技术开发利用，推动我国现代物流业的发展。

在2011年发布的《中华人民共和国国民经济和社会发展第十二个五年规划纲要》中，进一步提出加快建立社会化、专业化、信息化的现代物流服务体系，优先整合利用现有物流资源，并加强现代物流基础设施的建设和衔接，提高物流效率，降低全社会的物流成本。通过两个五年规划纲要，提升了物流业在国民经济发展中的地位和作用，把发展现代物流业上升到国家战略高度加以确立。

国务院印发的《物流业调整和振兴规划》中提出，通过建立布局合理、技术先进、节能环保、便捷高效、安全有序的现代物流服务体系，增强我国物流业的国际竞争力，降低社会物流成本。至此，绿色物流的概念在国家正式出台的文件中有所涉及，顺应时代要求的绿色物流的发展得到重视。

（三）经济全球化及可持续发展的需要

随着经济全球化的发展，一些传统的关税和非关税壁垒逐渐淡化，环境壁垒逐渐兴起。为此，ISO 14000成为众多企业进入国际市场的通行证。ISO 14000的两个基本思想是预防污染和持续改进，它要求建立环境管理体系，使其经营活动、产品和服务的每一个环节对环境的影响最小化。ISO 14000不仅适用于第一、第二产业，也适用于第三产业，更适用于物流业。物流企业要想在国际市场上占一席之地，发展绿色物流是其理性选择。尤其是中国加入WTO后，逐渐取消大部分外国股权限制，外国物流业进入中国市场，势必给国内物流业带来巨大冲击，也意味着未来的物流业会有一场激烈的竞争。绿色物流是现代物流可持续发展的必然。物流业作为现代新兴产业，有赖于社会化大生产的专业分工和经济的高速发展。

而物流要发展，一定要与绿色生产、绿色营销、绿色消费等绿色经济活动紧密衔接。人类的经济活动不能因物流而过分地消耗资源、破坏环境，以至于造成重复污染。此外，绿色物流还是企业最大限度降低经营成本的必由之路。

三、绿色物流的概念

绿色物流是指利用先进物流技术规划和实施运输、储存、包装、装卸、流通加工等以降低对环境的污染、减少资源消耗为目标的物流活动。

（一）国外绿色物流的概念

绿色物流是在全球资源短缺、环境持续恶化的背景下，于20世纪90年代提出的能够顺应时代要求的新概念，目前还没有统一的定义。对于绿色物流的定义，国外的诸多学者都做出了各自的见解。其中主要有以下几种观点：

（1）H. J. Wu 和 S. Dunn 认为，绿色物流就是对环境负责的物流系统（environmentally responsible logistics system），既包括从原材料的获取、产品生产、包装、运输、仓储直至送达最终用户手中的前向物流过程的绿色化，也包括废弃物回收与处置的逆向物流。

（2）Jean - Paul Rodrigue, Briail Slack 和 Claude Comtois 认为，绿色物流是与环境相协调的物流系统（compatibility with the environment），是一种环境友好而有效的物流系统（environmentally - friendly and efficient logistics）。

（3）丹麦出版的由 Bjorn N. Petersen 和 Palle Petersen 合著的《绿色物流》（Green Logistics）对绿色物流的定义为：绿色物流是一种生态管理，是对正向物流（Forward Logistics）和逆向物流（Reverse Logistics）进行的一种生态化管理。

（4）美国逆向物流执行委员会（Reverse Logistice Executive Council, RLEC）认为，绿色物流也称为“生态型的物流”，是一种对物流过程中产生的生态环境影响进行认识并使其最小化的过程。

（二）我国绿色物流的概念

我国著名绿色物流研究者王长琼在2004年9月出版的国内第一本《绿色物流》专著中对绿色物流也做出了定义，她把绿色物流定义为：绿色物流是指以降低污染物排放、减少资源消耗、保护生态环境为目标，通过先进的物流技术和绿色环保的管理理念，对物流系统进行计划、控制、管理以及实施的一系列过程。邱爱莲、邵祥理认为绿色物流是指以满足顾客要求和实现社会持续发展为目标，达到绿色物流供给和需求的有效链接，实现商品和服务流动过程的高效化、环保化的经济管理活动过程。传统物流活动主要追求的目标是在满足顾客需求、扩大市场份额的基础上，实现企业利润最大化的目标，而绿色物流在实现以上经济目标之外还要做到提高资源利用率，减少对环境的负面影响，其目标不但具有经济属性，还具有社会属性。简单地说，绿色物流就是在物流过程中做到对环境造成最小危害过程的同时，使物流环境得以充分净化，提高物流资源的使用率，即效率和环保的统一体。

绿色物流的概念外延广泛，内涵丰富，究其目的是为了降低物流过程中资源的消耗和对环境的影响，所有为了达到此目的的过程和方法都属于绿色物流研究的范围。我国2001年版的《物流术语》（GB/T 18354－2001），对绿色物流的定义是："在物流过程中抑制物流对环境造成危害的同时，实现对物流的净化，使物流资源得到充分利用。"以降低对环境的污染、减少资源消耗为目标，利用先进物流技术规划和实施的运输、储存、包装、装卸、流通加工等物流活动，是连接绿色供给主体和绿色需求主体，克服空间和时间阻碍的有效、快速的绿色商品和服务流动的绿色经济管理活动过程。

（三）绿色物流的延伸概念

一般物流主要是为了实现物流企业的赢利、满足顾客需求、扩大市场占有率等，这些目标最终仅是为了实现某一主体的经济利益。而绿色物流在实现经济利益目标之上，还追求节约资源、保护环境这一既具经济属性又具有社会属性的目标。它是以经济学一般原理为基础，建立在可持续发展理论、生态经济学理论、生态伦理学理论、外部成本内部化理论和物流绩效评估基础上的物流科学发展观。在此过程中能够有效地对物流环境实现净化，使物流资源得到最充分的利用及经济利益、社会利益和环境利益的统一，以保证物流企业取得良好的效益。绿色物流具有资源节约、能量消耗低、可循环利用等特点，是循环型、共生型、资源节约型物流。传统物流为正向物流，只重视从资源开发到消费需求，而忽视再生资源、废旧物品的回收利用，往往会付出破坏环境与生态的惨痛代价。而绿色物流包含产品退回、物料替代、产品再利用，废弃处理、再处理、维修与再制造等逆向物流物流活动，通过资源循环利用、能源转化，提高供应链整体绩效，形成促进经济和消费健康发展的现代物流系统，利用市场信息，降低流通、制造及环节产生的成本，以实现回收和适当处理为目的，求得环境保护与经济发展共存。

综合相关定义，绿色物流（Environmental Logistics）是指在物流过程中抑制物流对环境造成危害的同时，实现对物流环境的净化，利用先进物流技术规划和实施的运输、储存、包装、装卸、流通加工等物流活动，同时，在流通过程中充分利用相关资源，控制其各个环节对环境造成的影响，实现物流管理全过程的绿色化。从物流作业环节来看，包括绿色运输、绿色包装、绿色流通加工等；从物流管理过程来看，主要是从环境保护和节约资源的目标出发，改进物流体系，既要考虑正向物流环节的绿色化，又要考虑供应链上的逆向物流体系的绿色化。所以，绿色物流可以理解为是一种融合了环境保护观念的物流决策模式，是连接绿色制造和绿色消费之间的纽带；也是企业降低资源消耗和能源消耗、减少污染、提高竞争优势的一项具有长远利益的“战略武器”。

四、绿色物流的内涵

（一）绿色物流的目标

绿色物流的最终目标是社会经济的可持续发展，一般的物流活动主要是为实现企业的经济目标服务的，绿色物流是相对经济物流而言的。经济物流以单纯的经济效益为导向，而绿色物流除了追求经济目标之外，还追求生态或环境目标，具有明显的社会属性。经济物流中产品由生产经流通到达消费者的过程之间是直线形的单向关系，会对环境造成损害。绿色物流是双向的，是社会效益与经济效益“双赢”的物流体系。所以，当前的绿色物流定义都将其看做是环境友好型的物流，即是以减少资源消耗和废物排放为目的的物流，该目标的实质是经济利益、社会利益和环境利益的统一，这也正是可持续发展的目标。因此，绿色物流是可持续发展原则与现代物流理念相结合的一种现代物流观念。

绿色物流的行为主体不仅包括专业的物流企业，还包括产品供应链上的制造企业和分销企业，同时还包括不同级别的政府和物流行政主管部门等。从绿色物流的活动范围看，它包括物流作业环节和物流管理全过程的绿色化。这是绿色物流最本质的内容，也是发展物流的主要指导思想之一。通过整合现有资源，优化资源配置，企业能够提高资源利用率，减少资源消耗和浪费。这正是可持续发展所提倡的，也是发展绿色物流亟待逾越的障碍。

（二）绿色物流的特点

绿色物流除了具有一般物流具有的特征外，还具有多重目标、多学科交叉、多层次共存等特征。

1. 绿色物流具有多重目标性

绿色物流追求经济效益的最大化、追求良好的社会效益、追求生态环境效益，这三个目标之间是相互联系、相互依赖、相互制约、相互矛盾的关系。绿色物流就是要在相互制约矛盾的目标关系中实现经济效益、社会效益、环境效益的协调统一。

2. 绿色物流具有多学科交叉性

绿色物流涉及物流管理、物流工程等物流学科的相关知识，同时涉及环境保护、资源利用等生态经济学、环境科学方面的知识。因此，绿色物流具有多学科和相互交叉的边缘学科特性，它是物流管理与环境科学、生态经济学的交叉体系。由于环境问题的日益突出以及物流活动与环境之间的密切关系，在研究社会物流和企业物流时必须考虑环境问题和资源问题；又由于生态系统与经济系统之间的相互作用和相互影响，生态系统也必然会对物流这个经济系统的子系统产生作用和影响。因此，必须结合环境科学和生态经济学的理论、方法进行物流系统的管理、控制和决策，这也正是绿色物流的研究方法。

3. 绿色物流具有多层次共存性

从绿色物流的实施过程来看，绿色物流是由宏观到微观完整的管理体系，由绿色运输、绿色仓储、绿色包装、绿色装卸等子系统组成；绿色物流是绿色供应链的一部分，可以认为绿色物流是外部环境系统的子系统。从对绿色物流的管理和控制主体看，可分为社会决策层、企业管理层和作业管理层三个层次的绿色物流活动。

（三）绿色物流的内容

绿色物流系统由绿色正向物流和绿色逆向物流两个子系统构成。绿色正向物流指的是企业从原材料供应到产品生产和销售的全过程中，采取环保技术，降低物流活动对环境的影响。逆向物流指的是通过建立循环系统，使物流末端的废旧物资能够回流，并处理再利用的过程。就功能而言，绿色物流系统包括绿色运输、绿色仓储与保管、绿色搬运装卸、绿色流通加工、绿色包装、绿色信息收集和管理、绿色标志、逆向物流等。

1. 绿色运输

运输是物流系统的核心功能要素，也是对环境影响程度最大的因素之一。物流过程中由于运输而产生的尾气和消耗的燃油，是物流过程中形成环境污染的主要原因，运输对于能源的大量消耗，运输活动产生大量的有害气体的排放，带来噪声污染，易燃，易爆，危险化学品和其他原料或产品的运输可能会引起爆炸、泄漏等事故都会导致对环境的影响。因此绿色运输就是通过发展一些有利于城市环境的低污染和多元化的交通工具。利用这些交通工具来完成日常的物流活动，由此来降低污染保护环境，减轻交通拥挤。绿色运输可以提高城市货物运输效率，减少空载率；有利于提高送货服务使企业库存水平大大降低，甚至实现“零”库存，降低物流成本。

2. **绿色仓储与保管**

绿色仓储是指以实现环境污染最小化、确保货物完好、降低运输成本为目标的仓储过程，仓储与保管是物流活动中的重要组成部分，可以为物流活动创造出时间价值。这一过程需要使用先进的保鲜手段，从而保障库存货物优质优量，同时要保证无货损，并且及时消除污染。防止对人体有害的化学品和放射性、易燃易爆品等的泄漏，大力维护好周围的环境。绿色仓储就是要在储存环节减少货物对周边环境的污染及人员的辐射侵蚀，同时避免物品在储存环节的损耗而采取的策略体系。

3. **绿色搬运装卸**

绿色搬运装卸是一种现代化的装卸搬运方式，其目的是为了尽可能减少搬运装卸环节产生的粉尘烟雾等污染物而采取的现代化的搬运装卸手段及措施。通过消除无效搬运、提高装载效率，充分发挥搬运机器的能力和装载空间，通过提高搬运活性，合理放置物品使其易于搬运，提高搬运装卸效率。简言之，绿色搬运装卸也要求企业消除无效的搬运处理，提高搬运的灵活性，合理利用现代机械，保持平衡和顺畅的物流。

4. **绿色流通加工**

绿色流通加工是为了实现保护环境的目的而进行的流通加工方式以及由此出台相关政策措施的综合。实施途径主要分为两个方面：一方面变分散加工为专业集中加工，以规模作业方式提高资源利用效率，以减少环境污染；另一方面是集中处理流通加工中产生的废料，与废弃物物流顺畅对接，降低废弃物污染及废弃物物流过程中的污染。物流中加工虽然简单，但也应遵循绿色原则，少消耗、高环保，尤其要防止加工中的货损和二次污染。

5. **绿色包装**

包装是物流活动的重要组成部分，采用绿色包装材料，以提高包装再循环率，能有效控制资源消耗，以避免对环境的污染。包装得当可以提高物流效率，同时也可保护产品。但是包装要耗费很多资源，同时由于包装而产生的废弃物也会对环境造成严重污染。绿色包装这一新理念可以有效地解决环境和资源之间的矛盾，具体来看，绿色包装的包装物能够反复利用、再生或者可以降解腐化，而且从产品制造—消费—回收整个过程中都对人类及环境没有危害。人们在食品包装时采用不污染环境的原料，如用纸袋代替塑料容器，这也减少了包装物的回收以及回收工厂面对的技术和成本的诸多困难，绿色包装设计在这方面发挥了重要作用。

绿色包装也指采用节约资源、保护环境的包装，绿色包装和再加工包装不仅是商品的卫士，也是产品进入市场的通行证。绿色包装既要醒目环保，还要符合少耗材、可再用、可回收和可再循环的要求。

6. 绿色信息收集和管理

物流不仅是商品空间的转移，也包括相关信息的收集、整理、储存和利用。绿色信息的收集和管理是企业实施绿色物流战略的依据。绿色物流要求收集、整理、储存和利用的都是各种绿色信息，并及时运用到物流中，促进物流的进一步绿色化。绿色物流的运行和管理是一致的，仅有物流运作是行不通的。管理只有树立绿色思想，运用绿色先进技术手段，争取绿色的绩效，才能与绿色物流营运同步从而发挥更大的作用。通过先进的技术使绿色物流的相关信息得到更好的储存和利用，使其为全社会实现绿色物流战略提供强有力的依据，使物流过程成功绿色化。此外，要通过信息的收集，树立先进的环境管理理念，降低废物的排放，坚持可持续发展，实现物流业整体绿色化。

7. 绿色标志

绿色标志具有专属性、时效性、权威性和数量限制性等特点，是各企业产品打入国际市场的凭证。其本质是环境标志，具体指一种贴在或印刷在产品或产品的包装上的图形，以表明该产品的生产、使用及处理过程皆符合环境保护的要求，不危害人体健康，对环境无害或危害极小，有利于资源再生和回收利用。具有绿色标志的产品一般具有两个明显相同的特点：第一，企业所生产产品的安全性能和质量必须符合国家相关标准；第二，在生产产品的过程中，排放到周围环境中的污染物必须符合国家或者地方相关标准。我国的绿色标志（也称绿色产品标志）图形（见图 1 - 1）

由中心的青山、绿水、太阳及周围的十个环组成。图形的中心表示人类赖以生存的环境，外围的十个环紧密结合，环环紧扣，表示公众参与，共同保护环境。整个标志寓意为“全民联合起来，共同保护人类赖以生存的环境”。

图1-1 中国环境标志

8. **逆向物流**

逆向物流是指为回收利用或合理处置废旧物品，对原材料、加工库存品、产成品及相关信息从生产地到消费地的高效率和低成本的流动而进行规划、实施和控制的过程。它包括回收物流和废弃物物流。逆向物流能够充分利用现有资源，减少对原材料的需求，降低资源消耗，减少废弃物量，降低废弃物污染程度，保护生态环境，促进经济社会的可持续发展。

（四）绿色物流的内涵

经过对绿色物流的目标、特点和内容的分析可以看到，绿色物流是保障经济可持续发展的必要措施。绿色物流是连接绿色供给和绿色需求主体，解决空间和时间上矛盾的有效率、有效益的绿色商品、绿色服务的经济活动过程。

绿色物流的内涵主要包括以下五个方面的内容：

1. **绿色物流的最终目标是可持续发展**

一般的物流活动的目的主要是为了实现企业的利益最大化，满足顾客的需求、扩大市场占有率等，这些目标最终都是为了实现某一主体的经济利益。而绿色物流在上述经济利益目标基础上，还追求资源节约、环境保护等既具有社会效益也具有经济效益的目标统一体。绿色物流以物流技术进步和革新为依托，在追求物流高效率的同时逐渐消除物流过程对环境的影响，更人性化，是可持续发展思想在物流业发展上的应用。绿色物流注重从环境保护与可持续发展的角度出发，求得环境与经济发展共存。绿色物流改变了原来经济发展与物流之间的单向作用关系，抑制物流对环境造成的危害，形成促进经济和消费生活健康发展的现代物流系统。

2. 绿色物流是实现多种利益统一的系统性物流

绿色物流是一种系统性物流。传统物流活动更多地强调经济属性，而较少考虑物流的外部性影响。绿色物流从环境保护与可持续发展的角度，强调环境与经济发展共生。物流系统与环境系统之间是相互作用的关系，因此，物流决策能为很多社会性的问题提供解决方案，尤其能为社会范围的环境管理和生态管理提供解决途径，包括废弃物问题、污染问题、资源节约和能源节约问题等。由于物流本身的交叉性和综合性，再加上绿色物流实施主体的多样性，因此，物流的绿色化是一个系统性的工程。尽管从宏观角度和长远的利益看，节约资源、保护环境与经济利益的目标是一致的，但对某一特定时期、某一特定的经济主体却是矛盾的。按照绿色物流的最终目标，企业无论在战略管理还是战术管理中，都必须从促进经济可持续发展这个基本原则出发，在创造商品的时间效益和空间效益以满足消费者需求的同时，注重按生态环境的要求，保持自然生态平衡和保护自然资源，为子孙后代留下生存和发展的权利。

3. 绿色物流是一种循环物流

绿色物流是一种循环型物流。传统物流活动更多注重物流客体从开采、生产到消费的正向物流和经济活动，绿色物流在考察正向物流对环境影响的同时，还注重废旧物品、再生能源的回收和利用，因此是一种循环物流。绿色物流是循环型物流。绿色物流既重视正向物流又重视逆向物流。正向物流是指从资源开采到消费需求，只重视从资源的开采到生产、消费的正向物流，忽视废旧物品、可再生资源的回收利用所形成的逆向物流；逆向物流则是一种包含产品退回、物料替代、产品再利用、废弃处理、再处理、维修与再制造等流程的物流活动。它能低成本、经济高效地实现回收和适当处理，通过资源循环利用、能源转化来提高供应链整体绩效。绿色物流具有循环型特征，包括废弃资源再循环、废旧物品的再循环、资源垃圾的收集和再资源化等。随着生活水平的提高，对物流服务的要求也越来越高，传统的物流已经不能满足这些要求，而绿色物流对双向物流的重视正是解决这一矛盾的良方。

4. 绿色物流是全方位共生型物流

绿色物流的活动范围涵盖了产品的整个生命周期原材料的获取，产品的生产、流通、使用直至报废的整个过程都会对环境造成影响。为了将这些影响降到最低，绿色物流既要对原材料的获取和产品的生产、包装、运输、分销直至送达最终用户手中的前向物流实施改进，也要对退货和废弃物品的回收物流过程进行生态管理与规划。

绿色物流的行为主体包括公众、政府及供应链上的全体成员。在产品生命的每一个环节，都存在着物流活动与环境的互动，既然产品的整个生命周期活动都有可能对环境造成影响，那么承担产品生产和销售任务的企业，包括供应链上的供应、生产和销售企业以及为其提供服务的物流或供应链整合企业，都应成为绿色物流的行为主体。因而，包括所有参与者。从广义上看，作为消费者的全体社会公众也是供应链的一部分，他们的消费观念和行为特征也会成为绿色物流能否成功的关键因素，因此，全体社会公众也是绿色物流的行为主体之一。

作为供应链上的制造企业，既要涉及绿色产品，还应该与供应链上的其他企业协同起来，从节约资源、保护环境的目标出发，改变传统物流体制，制定绿色物流战略和策略。绿色物流战略是连接绿色制造和绿色消费的纽带，也是使企业获得连续的竞争优势的战略武器。由于物流的跨地区和跨行业特性，绿色物流的实施不是仅靠某个企业或在某个地区能完成的，它需要政府的法规约束和政策支持。

5. 绿色物流是地域性、区域性、全球性物流

绿色物流的地域性体现在两个方面，一是指由于经济的全球化和信息化，物流活动早已突破了地域限制，形成跨地区、跨国界的发展趋势，相应地，对物流活动绿色化的管理也具有跨地区、跨国界的特性；二是指绿色物流管理策略的实施需要供应链上所有企业的参与和响应，这些企业很可能分布在不同的城市甚至不同的国家。例如，欧洲有些国家为了更好地实施绿色物流战略，对于托盘的标准、汽车尾气排放标准、汽车燃料类型等都进行了规定，其他欧洲国家的不符合标准要求的货运车辆将不允许进入本国。跨地域、跨时域的特性也说明了绿色物流系统是一个动态的系统。

第二节　绿色物流体系对经济社会发展的重要性

经济全球一体化进程不断加快，新技术迅猛发展，物流业更是被提到了前所未有的高度，在经济发展中的重要作用和战略地位也越来越突出。物流与社会经济的发展是相辅相成的，在经济的高度成长期，社会生产与全社会的总货物运输量具有很大的相关性，其表现是国民经济和社会生产的发展产生了对物流总量增长的要求，同时物流成为国民经济和社会生产发展的重要支柱。物流业已逐渐成为第三产业的主导产业，是国民经济发展中新的经济增长点，是衡量一个国家综合国力的重要指标。物流是社会再生产中的重要环节，物流过程中不仅有物质循环利用、资源转化，而且有价值的转移和实现。因此，物流涉及经济与生态环境两大系统。为了实现长期和可持续的发展，必须采取各种措施即可持续发展政策来维护自然环境，改变传统粗放运输对环境的破坏和不良影响，在尽量减少物流对环境造成危害的同时，形成一种能够促进经济和消费生活健康发展的物流系统，环境共生型的物流管理即绿色物流就是这种政策和指导思想的产物。绿色物流的实现需要全社会的共同努力和探索，绿色物流已经成为推动我国经济增长的重要力量。从绿色物流产生的现实性出发，物流产业和社会经济的发展是相辅相成的，随着经济的发展和经济结构的优化调整，对物流服务的范围和质量要求也不断提高，现代物流业一方面促使国民经济从粗放型向集约型转变，另一方面又成为支撑消费生活高度化发展的力量。为了实现长期和可持续的发展，必须采取可持续发展政策来保护自然环境，改变传统运输对环境的破坏和不利影响，在物流对环境造成危害的同时，形成一种能够促进经济和消费生活健康发展的物流系统，而绿色物流正是这种指导思想下的发展目标。

一、发展绿色物流有利于实现经济社会的可持续发展

可持续发展战略已成为世界发展的主题，它特别强调环境资源的长期承载能力对发展的重要性以及发展对改善生活质量的重要性。可持续发展战略是指社会经济发展必须同自然环境及社会环境相联系，使经济建设与资源、环境相协调，为了实现经济与社会的可持续发展，就必须通过各种措施来保护我们的自然环境。而物流管理活动也同样适用于这种可持续发展思想。环境共生型的物流管理就是要改变原来经济发展、消费生活与物流的单向作用关系，在减少物流对环境造成损害的同时，构建一种能促进经济和消费生活健康发展的物流系统，即实现传统物流逐渐向绿色物流、循环型物流的转变。绿色物流建立在维护地球环境和可持续发展的基础之上，强调在物流活动的全过程采取与环境和谐相处的理念和措施，减少物流活动对环境的危害，避免资源浪费，有利于经济社会的可持续发展。

发展绿色物流有利于转变经济发展方式，实现社会的可持续发展。物流是连接生产和消费环节的纽带，在运输、仓储、保管、配送以及信息处理等环节对生态环境造成了诸多负面影响。例如，运输车辆加剧了城市道路的拥堵，增加了废气排放和噪声污染；包装环节中产生了固体废弃物垃圾，严重污染了生态环境；仓库选址的不合理造成了运输路线迂回，进而造成了不必要的能源浪费。绿色物流要求在物流过程中要有效率，包括运输路线的合理规划、运输车辆的低能耗等方面，绿色物流还要求要有环保性，比如包装材料的使用，既要符合不对环境造成危害的要求，又要满足能够回收再利用的目标。绿色物流就是改变物流业以往的高消耗、高污染的发展状况，实现对资源的集约利用，同时能够对环境保护担负责任并作出贡献的物流发展理念，这对于我国实现经济发展方式的转变，实现社会可持续发展具有重要意义。

绿色物流也是可持续发展的一个重要环节，它与绿色制造、绿色消费

共同构成了节约资源、保护环境的绿色循环经济。绿色物流可以通过流通对生产的反作用来促进绿色制造，通过绿色物流管理来满足和促进绿色消费，最终实现社会资源的高效配置和利用，保护环境资源，实现可持续发展。

二、发展绿色物流有利于环境保护

环境污染已经是国内外普遍关注的现实问题，而传统物流给环境带来的危害日趋显著。如交通工具本身产生的噪声污染、汽车尾气对大气环境的毒害众所皆知，尤其是在汽车数量不断增加的城市区域，汽车尾气经太阳照射后形成的光合烟雾，使城市空气长期处于污染状态；汽车的废旧轮胎大量堆积将是环境污染的潜在隐患；加工中资源的浪费或过度消耗，加工产生的废气、废水和废物都对环境和人体构成危害；物流中的包装材料和包装模式，不仅造成资源的严重浪费，而且极其明显地污染了环境，如白色塑料污染，这类材料在自然界中不易降解，滞留时间很长；过度的包装或重复的包装，造成资源的浪费；装卸不当造成商品的损坏，导致资源浪费，这些废弃物还有可能对环境造成污染，比如，城市生活垃圾所产生的渗沥水携带各种重金属和有机质，严重污染水体和土壤，并影响地下水质；废弃物发酵过程中产生的甲烷气体则污染大气；石油在海运过程中发生泄漏而造成大片海域污染，这样的污染常常是致命的，并且在很长时期内都无法恢复。可见，现代物流活动对环境的影响已经威胁到我们的日常生活，这些污染行为不利于可持续发展，同时也无益于生态经济效益。

物流与社会经济的发展是相辅相成的，同时与环境也是相辅相成的。在经济的高度成长期，经济的发展会产生对物流总量增长的要求，物流将成为社会经济发展的支柱。在经济转入成熟发展时期，特别是全球的经济在石油危机以后，虽然产业结构从重、厚、长型转向轻、薄、短型，使得物流总量增长受到限制，但是现代的流通系统要求在适当的时间配送适当数量的商品，因此，物流服务的范围与质量不仅没有下降，反而又有了质的飞跃性发展，从而现代物流促使国民经济从粗放型向集约型发展，同时又成为消费生活高度化发展的支柱。不论是大生产、大流通或大消费的时代，还是多样化消费、有限生产或高效率流通的时代，都需要从环境的角度对物流系统进行改进，需要形成一个与环境共生的物流系统。经济的发展必须维护地球环境的可持续发展战略，这种可持续发展也同样适用于物流管理活动，即环境共生型的物流管理。绿色物流使用清洁燃料，优化运输路线，从而大量减少运输工具对于燃料的消耗。同时，绿色物流采用环保包装，也节约了不少包装原料。仓储方面，绿色物流最优化仓储用地的面积，节省了土地资源。绿色物流改变了原来经济发展与物流、消费生活与物流的单向作用关系，在抑制物流对环境造成危害的同时，形成一种能促进经济和消费生活健康发展的物流系统，即向绿色物流、循环型物流转变。随着社会经济的发展，物流与环境之间日益形成了一种相辅相成的推动和制约关系，即物流的发展必须建立在与环境共生的基础之上，因此，今后的物流就必须充分考虑其对环境所产生的影响。

三、发展绿色物流有利于增强企业的社会责任感和竞争力

绿色物流还有利于企业取得新的竞争优势。由于环境问题日益严峻，我国法律法规对环保提出了更为严格的要求，也促使企业为谋求可持续发展而不得不重视环保要求，纷纷改进生产方式，努力构建并完善绿色物流体系，并以此确立自身的竞争优势，争取更多的市场份额。

（一）绿色物流可以增强企业的社会责任感

物流作为新兴行业，依赖于社会化大生产的专业分工和经济的高速发展，而经济要发展必定依赖社会的可持续发展，这就绝不会允许物流过分地消耗资源、破坏资源，进而造成二次污染。而绿色物流的核心思想在于实现企业物流活动与社会和生态效益的协调，实现企业的可持续发展。随着可持续发展理念不断深入人心，消费者对企业的接受与认可不再仅仅取决于其是否能够提供质优价廉的产品与服务，而是越来越关注企业是否具有社会责任感。随着环保观念深入人心，绿色消费已成为一种消费理念，也使消费者对企业的接受和认可不再仅仅关注其是否能够提供质优价廉的

产品和服务，而是越来越关注企业是否具有社会责任感，即企业是否节约利用资源、企业是否对废旧产品的原料进行回收、企业是否注意保护环境等。实施绿色物流可以将企业推向可持续发展的前沿，将给企业带来明显的社会价值，既凸显了环保理念，履行了社会责任，又能树立良好的企业形象、企业信誉，使企业形成高于竞争对手的相对竞争优势，增加其品牌的价值和寿命，延长产品的生命周期，有利于提高企业在国内外市场的竞争力。

对于企业而言，实施物流绿色化管理战略，将给企业带来明显的社会意义，包括良好的企业形象、企业信誉、企业责任等。企业伦理学指出，企业在追求利润的同时，还应努力树立良好的企业形象、企业信誉，履行社会责任。后者虽然仅仅是一种概念层次的价值，但却能直接影响企业的实际经济意义，因为良好的社会形象能给企业提供新的经济机遇和市场竞争优势。这也是为什么很多跨国公司非常关注公益事业、关注社会问题的根本原因。绿色物流有利于企业树立良好的企业形象，使企业更容易获得股民和其他投资者的青睐。实施绿色物流管理的企业更容易获得一些环境标准的认证，如 ISO 14000 环境管理体系，从而在激烈的市场竞争中占据优势。实施绿色物流可以实现生态健康、环境良好、资源持续利用、经济发展与社会和谐统筹协调的可持续发展，有利于提升城市品位，营造优美人居环境。

（二）绿色物流可以为企业拓展利润空间

物流业最终目标是降低成本，而降低成本的途径无非是集约、优化各种资源，提高流通效率、压缩流通成本。这个过程同时也节约了资源消耗，提高了资源效率，简而言之就是一个节能环保的过程。从这个意义上说，实施绿色物流体系是相当必要的。绿色物流最大限度地降低了企业的经营成本。绿色物流从产品的开发设计和整个生产流程，到其最终消费都对是否有利于节约利用资源、是否有利于废旧产品的回收、是否有利于环保等作了完善的处理。这样企业就可以最大限度地降低成本。当前的物流基本上还是高投入大物流、低投入小物流的运作模式，而绿色物流强调的是低投入大物流的方式。显然，绿色物流不仅仅是一般物流的节约和降低成本，更重视的是绿色物流和由此带来的节能、高效、少污染，它对生产经营成本的节省是无可估量的。发挥物流的作用能为企业带来更多的赢利空间，物流专业化无疑为降低成本奠定了基础。企业通过对对运输和仓储的科学规划和合理布局，对资源的节约、回收和重复利用，由此带来的节能、高效、少污染，将大大降低生产成本（比如原料成本）和物流成本（比如环境风险成本），拓展利润空间。

物流企业通过绿色运输、绿色储存、绿色包装、绿色加工及共同配送等一系列优化物流资源配置的运作模式，在节约成本的基础上提高企业的经营效益和物流效率，在构建“大物流”的过程中更好地整和社会各方面的资源，减少物流总支出、降低运营成本，避免资源的浪费和对环境的不良影响，为物流企业的发展提供新的增长点，为利润创造更大的空间，增强企业竞争优势。绿色物流管理模式促使企业改变传统的“大而全、小而全”的经营模式，集中有限的资源提高企业的核心竞争能力，将非核心业务外包，促进企业降低成本，提高经济效益。

发展绿色物流有利于拓展第三利润空间，形成新的经济增长点。除了资源领域和人力领域之外，物流业被称为现代企业的“第三利润源泉”。通过实施绿色物流，可以实现对资源的集约利用，降低企业物流资金的占用，提高资金周转速度，进一步拓展第三利润空间。例如，通过逆向物流体系的建立，实现资源的回收再利用，降低企业成本，增加企业利润；鼓励使用铁路运输和水路运输，节约运输成本，保护环境，为企业赢得企业良好的形象；先进的物流信息技术的应用，提高物流活动各环节的效率；运输路线的合理规划，减少运输路线的迂回，节约能源消耗等。从国外实施绿色物流的成功案例来看，日本在建筑行业积极开展共同配送，将建筑行业的物流成本降低10%，对建筑废弃物的回收利用率提高到98%。此外，绿色物流的发展为经济增长增添新活力。在全球经济一体化的新环境下，绿色物流的市场需求也逐步扩大，使得众多企业为了满足消费者的环保要求向绿色物流公司寻求帮助，为绿色物流的发展创造新的市场机会。

（三）绿色物流可以增强企业竞争优势

企业想要在竞争激烈的全球市场中有效发展，就不能忽视日益明显的环境信号，继续像过去那样经营。对各个企业来说，接受这一责任并不意味着经济上的损失，因为符合并超过政府和环境组织对某一行业的要求，能使企业减少物料和操作成本，从而增强其竞争力。这也是物流企业获得核心竞争力和不断发展壮大的根本保障。绿色物流低投入—大物流的方式，更绿色化，可以带来经营成本的大幅度下降。物流的发展一定要与社会的可持续发展相互配合，人类的经济活动绝不能因物流而过分的消耗资源，破坏环境，以致造成重复污染。

贸易壁垒是一个国家为了限制进口采取的关税和非关税壁垒措施。但随着经济全球化的发展，这些传统的关税和非关税贸易壁垒逐渐淡化，绿色壁垒悄然兴起。随着环境危机日益加剧，许多国际组织和国家相继制定出台了许多与资源、环境保护相关的协议或法律体系。例如《21 世纪议程》《京都议定书》《约翰内斯堡可持续发展承诺》《英国低碳转型计划》等重要文件。以此为契机，各国绿色壁垒也层出不穷，涉及面越来越广，而且绿色壁垒是一个动态发展的过程，其标准不断提高。现在绿色壁垒已经从对其最终产品的限制发展到了对其生产过程和工艺的规定。可以预见在全球环境规制趋严的背景下，未来我们可能遇到更复杂、更多国家的绿色壁垒。而且这一壁垒终究会覆盖到整个企业的物流及供应链管理的全过程。日益严峻的环境问题和日趋严格的环保法规，使企业为了持续发展，必须积极解决经济活动中的环境问题，改变危及企业生存和发展的生产方式，建立并完善绿色物流体系，通过绿色物流来追求高于竞争对手的相对竞争优势，所以创建绿色物流，提倡高效节能、绿色环保，不仅是必要的，也是迫切的。我国企业应加快发展绿色物流，以取得新的应对竞争优势和应对未来挑战。随着环境保护意识的普及，绿色消费的观念对我国物流业的发展提出了新的挑战。因此，我国物流业要适应经济全球化的发展环境，在国际物流市场占有一席之地，发展绿色物流将是理性选择。

四、发展绿色物流更有利于满足社会物质和文化生活需要

2009年2月25日，国务院总理温家宝主持召开国务院常务会议，审议并原则通过了《物流业调整和振兴规划》。这是物流业的第一个国家规划，也是我国物流业未来发展的行动纲领。发展绿色物流有利于满足人民不断提高的物质和文化生活的需要。不断满足广大人民群众日益增长的物质和文化生活需要，是建设和谐社会的根本途径。这是因为人民群众生活富裕了，文化精神生活丰富多彩了，我们的社会就有了稳定的物质和文化基础。绿色物流伴随着人民生活需求的进一步提高，尤其是绿色消费的提出而应运产生的，如果没有绿色无污染物流的维系，绿色消费就难以进行。绿色物流与绿色生产和绿色消费之间是相互渗透、相互作用的。绿色生产是实现绿色物流和绿色消费的前提，绿色物流可以通过流通对生产的反作用来促进绿色生产，通过绿色物流管理来满足和促进绿色消费。

资源的承载力是有限的，尤其在我国人均资源匮乏、资源利用率低、资源紧缺更加明显。我国要保障经济安全，就要改变经济增长方式，发展节省能源的绿色物流体系，实现资源的最大利用。绿色物流将成为新的经济增长点。因为以前的物流虽然推动了经济社会的发展，然而在物流业发展的过程中也给城市的环境带来较多负面的影响。绿色物流是社会发展的客观要求，是市场化运作的必然产物。人类社会的无限发展需求和有限自然资源及环境承载能力构成一对矛盾主题，人类社会要想在发展中突破有限资源的限制，就必须走绿色化道路。绿色物流相比传统物流业更能适应未来物流业发展的需要，具有更广阔的发展前景和更加强大的生命力。可持续发展要求物流业发展与自然承载能力相协调，必须保护、改善和提高物流环境自净能力。当前环境污染如空气污染、污水污染、酸雨等问题越来越严重，人们充分认识到环境与人类的共生性，保护环境就是保护人类本身。因此在保证物流正常运行的条件下，采用环境影响较小的物流方式。绿色物流是顺应国际物流发展潮流，提升国际竞争力的需要。物流企业应该大力倡导并发展绿色经营模式，立足长远，面向未来，最终目标是

实现企业、社会和自然环境的有机融合，达到经济社会的可持续性发展。

第三节　绿色物流体系对北京地区经济社会发展的重要性

随着世界经济的发展和现代科学的进步，现代物流业已成为经济发展的强劲增长点，作为国民经济中新兴的重要产业，物流产业的发展状况不仅代表了一个城市的现代化水平，也是城市综合实力的重要表现。但是物流业促进经济发展的同时，也给城市环境带来许多负面影响，如运输工具的噪声、污染气体排放、交通阻塞，以及生产和生活中的废弃包装物的不当处理所造成的对环境的影响。为此，21 世纪对物流业发展提出了新的要求，即绿色物流。绿色物流是以可持续发展理论、生态经济学和生态伦理学作为理论基础的，伴随着经济和社会的迅速发展，绿色物流将成为现代物流系统的最佳选择。北京作为首都，是一个国际性大都市，物流业快速发展的同时应以实现可持续发展为目标，以不破坏北京城市环境为基本原则，大力发展绿色物流。

一、北京经济社会发展状况

（一）北京概况

北京，中华人民共和国首都，直辖市和国家中心城市，中国的政治、文化、科教和国际交往中心，中国经济、金融的决策和管理中心，中华人民共和国中央人民政府和全国人民代表大会所在地，也是世界上最大的城市之一。

北京位于华北平原的西北边缘，背靠燕山，有永定河流经老城西南，毗邻天津市、河北省。截至 2010 年年末，全市常住人口 1961. 9 万，其中户籍人口 1257. 8 万，居住半年以上的外来人口 704. 7 万。常住人口密度为 1195 人/平方公里。常住人口中，城镇人口 1686. 4 万，乡村人口 275. 5 万。全市常住人口出生率 7. 48‰，常住人口死亡率 4. 41‰，常住人口自然增长率3.07‰。但从2013年1月20日，北京市统计局、国家统计局北京调查总队联合发布的数据显示：到2012年年末，北京常住人口已达2069.3万，比上年年末增加50.7万。其中，在京居住半年以上的外来人口达到773.8万，增加31.6万。

2011年，全市实现地区生产总值16251.9亿元，其中第一产业增加值136.3亿元，第二产业增加值3752.5亿元，第三产业增加值12363.1亿元。完成地方公共财政预算收入3006.3亿元，比上年增长27.7%，地方公共财政预算支出3245.2亿元，增长19.4%。

2012年，全市实现地区生产总值17801亿元，按可比价格计算，比上年增长7.7%，增幅比上年略低0.4个百分点。

（二）北京交通概况

北京市城区的路网结构以矩形环状为主，道路多以此为依托，与经纬线平行网状分布。先后依托城市扩展，建设了二环、三环、四环、五环和六环路。总长度超过940千米的北京七环路将于2015年全线通车。2011年年末，北京全市公路里程21319千米，足以绕地球半圈。全市立交桥数共有381座。京哈、京沈、京津塘、京石、八达岭、京承、京开等多条高速公路经过北京。至2009年年底北京机动车保有量突破400万辆，2012年北京机动车保有量达到520万辆，已经超出道路承载能力。

北京是世界上地铁最发达的大都市，日均客流量超过一千万。2013年年初北京地铁总长度超过456千米，全球第一。根据规划，2015年北京地铁线路总里程将达660千米，2020年北京地铁总里程达到1050千米。

北京是中国铁路网的中心之一，全市铁路总里程962千米。主要有北京到香港九龙的京九铁路，北京到上海的京沪铁路，北京到广州的京广铁路，北京到哈尔滨的京哈铁路，北京到包头的京包铁路，北京到原平的京原铁路，北京到通辽的京通铁路和北京到承德的京承铁路等多条铁路干线汇集于此。京津城际铁路于2005年7月4日开始修建，2008年8月1日正式开通，北京和天津两地的路程被缩短为半小时。新中国成立以来一次建设里程最长、投资最大、标准最高的高速铁路——京沪高铁于2011年6月

30日正式开通运营，京沪两地进入5小时经济圈，千里京沪一日得以实现。在国际铁路运输方面，去往俄罗斯各城市、外蒙古首都乌兰巴托和朝鲜首都平壤以及去往越南首都河内的列车均从北京发车。

北京首都国际机场是世界规模最大的国际机场，旅客吞吐量在2012年达到8192.9万人次，位居全球第二。北京已与世界上所有国家和地区通邮，国际直拨电话可达200多个国家和地区。

（三）北京经济社会概况

“十一五”时期，北京经济实现重大跨越。全市地区生产总值年均增长11.4%，总量达到13777.9亿元，人均超过1万美元。经济发展高端化格局初步形成，中关村国家自主创新示范区加快建设，六大高端产业功能区初具规模，首都经济特征进一步显现，第三产业比重达到75%。经济增长的质量和效益显著提高，地方财政一般预算收入增加1.7倍，节能减排走在全国前列。社会民生得到显著改善。基本公共服务均等化取得明显成效，基层社区和农村的公共服务能力显著提升。实施“五无”目标管理，实现城乡就业服务和社会保障制度全覆盖，城镇登记失业率为1.37%，社会保障待遇标准大幅提高。城镇居民人均可支配收入年均实际增长9.2%，农村居民人均纯收入年均实际增长9%。创新了社会管理与服务，探索了村庄社区化管理新模式。城市服务功能明显提升。城市基础设施实现跨越式发展。轨道交通运营里程由114千米增加到336千米，公交出行比例达到40%，区区通高速目标提前实现。水、电、气、热等资源能源供应保障和信息基础设施支撑能力显著提升。空气质量显著好转，二级及好于二级天数的比例从64%提高到78.4%。以绿化隔离带、郊野公园、森林公园为代表的大面积、集中式绿化效果显著。城乡环境更加干净整洁。社会治安持续稳定，安全生产形势持续好转。城市应急管理水平明显提高。百年奥运梦想圆满实现。成功举办了一届有特色、高水平的奥运会、残奥会，赢得了国际社会高度赞誉，城市国际形象和国际影响力显著提升。奥运筹办有力带动了首都经济社会发展、城市文明进步和服务功能提升。奥运场馆设施为古都北京增添了新的魅力元素，奥运标准提高了首都与国际的接轨水平，奥运经验促进城市运行管理走向成熟，奥运精神成为激励全市人民奋发前进的强大动力。这届精彩纷呈的奥运盛会，在首都发展史上留下了浓墨重彩的一笔，对首都发展产生了巨大而深远的影响。“十一五”规划的圆满完成，“新北京、新奥运”战略构想的全面实现，标志着首都发展进入了新的历史阶段。过去五年的发展不仅创造了巨大的物质财富，更留下了宝贵的精神财富，特别是“人文、科技、绿色”理念上升为城市发展战略，确立了建设中国特色世界城市的宏伟目标，推动北京向更高价值目标和更高发展水平迈进。

《北京市国民经济和社会发展第十二个五年规划纲要》指出：“十二五”时期是推动首都科学发展的关键时期。牢牢把握加快转变经济发展方式这条主线，坚持以经济结构战略性调整为主攻方向，坚持以科技进步和创新为重要支撑，坚持以保障和改善民生为根本出发点和落脚点，坚持以建设资源节约型、环境友好型社会为重要着力点，坚持以改革开放为强大动力，使首都的发展与人口资源环境的承载能力相适应；牢牢把握可以大有作为的重要战略机遇期，认真落实国务院批复的北京城市总体规划提出的“以建设世界城市为努力目标，不断提高北京在世界城市体系中的地位和作用”的要求，大力弘扬北京奥运精神，以更高的标准推动首都的科学发展。努力打造国际活动聚集之都、世界高端企业总部聚集之都、世界高端人才聚集之都、中国特色社会主义先进文化之都、和谐宜居之都，推动北京向中国特色世界城市迈出坚实的步伐。坚持高端引领、创新驱动、绿色发展，不断创新发展理念、发展模式，把推动发展的动力加快转移到更多依靠科技进步、劳动者素质提高和管理创新上来。加强创新能力建设，提升自主创新水平，增强经济长期竞争力。深入推进节能减排，提升生态文明水平，走绿色低碳、生态友好发展之路。更加注重扩大内需，特别是增强消费拉动作用，持续推进产业优化升级，增强经济发展的协调性、稳定性和可持续性。要求城乡环境更加宜居。率先形成城乡经济社会发展一体化新格局。全市生态服务价值进一步提高，林木绿化率提高到57%。交通拥堵现象得到有效治理，中心城公共交通出行比例达到50%。万元GDP能耗、万元GDP二氧化碳和主要污染物排放持续下降，空气质量二级和好于二级天数的比例达到80%。基本实现城市生活垃圾零增长、污水全处理。城市管理的精细化、智能化水平进一步提高。

绿色发展已经成为资源环境约束的客观要求和时代潮流。绿色既是一种生产方式，又是一种生活方式，要求我们节制型生存、节约型生产和节俭型生活，更好地面对未来。“十二五”时期要全面实施“绿色北京”战略，把资源节约型和环境友好型社会建设作为转变经济发展方式的重要着力点，持续推进大气治理，加强绿化建设和生态修复，加快形成绿色生产体系、绿色消费体系，大幅提高首都生态文明水平和可持续发展能力，把北京建设成为既服务于当代市民，又服务于子孙后代的宜居家园。改善大气环境质量一直是社会关注的焦点，也是政府工作的重点。近年先后实施了16个阶段的大气污染控制措施，空气质量得到显著改善。“十二五”期间，全面实施《北京市清洁空气行动计划》，使环境空气质量进一步得到改善。控制生产型污染，进一步优化能源结构，大幅增加天然气等清洁能源利用，减少煤炭使用，严格控制煤烟型污染。控制餐饮油烟等低矮面源污染。加大资源消耗型、污染型企业淘汰力度，坚决退出中小型水泥、建材、玻璃、化工等高排放企业。建立氮氧化物排放总量控制制度，推广低氮燃烧技术，水泥窑全部进行脱硝治理。完善挥发性有机物产品准入标准和监控体系，有效治理化工、涂料、家具制造、包装印刷等行业挥发性有机物污染。治理机动车污染，实施国家第五阶段机动车污染物排放标准。加速淘汰老旧机动车，鼓励使用节能环保型汽车，在公交、环卫、出租等公共服务领域推广使用新能源汽车，支持物流企业建立“绿色车队”。防治扬尘污染，制定并实施施工扬尘污染防治排放标准，加大施工工地和城市道路扬尘控制力度。建立道路遗撒监控系统，采取扫、洗和收集一体化的道路保洁措施。继续开展裸露农田治理，杜绝秸秆、草木露天焚烧。推进区域大气污染联防联控。协调推动区域产业结构调整，对重大建设项目实行环境影响评价区域会商机制，减少污染区域内转移；推动制订区域大气污染联防联控规划，协商建立统一的区域大气环境保护标准；建立区域空气质量监测网络，共享监测信息。开展区域大气环境联合执法检查，集中整治违法排污企业。

二、北京物流业现状及问题分析

根据《北京市物流业发展规划》，物流业是生产性服务业的重要组成部分，是融合运输业、仓储业、货代业和信息业等的复合型、基础性、先导性产业。大力发展现代物流业，对于优化发展环境、带动产业升级、降低流通成本、普遍提高经济运行的质量和效益、增强城市综合服务保障能力，具有十分重要的意义。

“十一五”期间，北京市物流业实现平稳较快发展，物流基础设施日益完善，社会物流规模迅速增长，运行效率不断提高，高端物流集聚效应逐渐显现，物流发展的总体水平居国内领先。成功服务2008年北京奥运会和国庆六十周年庆典等重大活动，物流服务保障能力显著提升，为支撑首都经济发展、便利居民生活发挥了重要作用，也为今后五年物流业持续快速发展打下良好基础。

“十二五”时期，北京物流业将以科学发展为主题，以加快转变发展方式为主线，贯彻落实“人文北京、科技北京、绿色北京”战略，以服务中国特色世界城市建设为目标，按照“便民利民、促进发展，服务全国、辐射世界”的发展宗旨，加快推进物流业结构调整与创新，更加注重物流系统运行效率的提高和服务保障能力的增强，进一步完善高效、集约、低碳的城市物流体系，提升物流业发展的现代化、国际化水平，打造具有广泛国际影响力的物流中心城市。

2010年，全市社会物流总额达5.04万亿元，较2006年的2.54万亿元增长98.4%，对推动全市经济发展发挥了重要的支撑作用。在社会物流总额的构成中，外省市流入物品和进口货物的占比由2006年的68.3%增长到2010年的76.5%，物流业发展的枢纽地位和服务国内外市场的辐射能力得到进一步提高，如表1-1所示。

表1-1　　北京市社会物流总额及构成　　单位：亿元，%

指　标	2010年	占比	2006年	占比
社会物流总额	50424.7	100.0	25406.5	100.0

续 表

指　标	2010 年	占比	2006 年	占比
一、农产品	280.2	0.6	224.0	0.9
二、工业品	11390.9	22.6	7511.6	29.6
三、进口货物	16649.1	33.0	9386.8	36.9
四、再生资源	69.3	0.1	257.3	1.0
五、外省市流入物品	21909.6	43.5	7971.5	31.4
六、单位与居民物品	125.6	0.2	55.2	0.2

数据来源：北京统计年鉴。

2010 年，物流业实现增加值 493.7 亿元，较 2006 年增长 34.2%，占全市 GDP 的比重为 3.5%。其中，交通运输、邮政、仓储等行业实现增加值 382.9 亿元；流通加工、配送、包装等增值性物流业务实现增加值 110.8 亿元，较 2006 年增长 79.3%，明显高于行业整体增幅，如表 1－2 所示。

表 1－2　　北京市物流业增加值及构成　　单位：亿元，%

指　标	2010 年	2006 年	增长
合计	493.7	368.0	34.2
交通运输邮政仓储业	382.9	306.2	25.0
流通加工、配送、包装业	110.8	61.8	79.3

数据来源：北京统计年鉴。

物流业发展进一步扩大了就业。2010 年，本市物流从业人员 48.6 万人，比 2006 年增长 14.1%，占全市从业人员的 4.7%，占第三产业从业人员的 6.3%，如表 1－3 所示。

表 1－3　　物流从业人员及构成　　单位：万人，%

指　标	2010 年	2006 年	增长
合计	48.6	42.6	14.1

续 表

指　标	2010 年	2006 年	增长
交通运输邮政仓储业	31.2	27.3	14.3
采掘业、制造业、批发和零售业	17.4	15.3	13.7

数据来源：北京统计年鉴。

"十一五"时期，北京市物流效率不断提高，社会物流总费用与 GDP 的比率由 2006 年的 17.7% 下降到 2010 年的 15.5%，低于全国平均水平 2.3 个百分点，促进了首都经济社会发展环境的进一步优化和企业运行效益的普遍提高。"十一五"时期，北京市加快顺义空港、通州马驹桥、平谷马坊和大兴京南等物流基地以及十八里店物流中心、西南物流中心等一批物流中心（综合物流区）和配送中心（专业物流区）的规划与建设，形成了以物流基地、物流中心为载体，专业物流为特色的多层次节点布局，以及与交通线网有效衔接的物流网络。点、线、面相互协调的"三环、五带、多中心"的物流设施空间格局基本建立。物流业态创新加快推进，"电子商务 + 物流"、"总部 + 物流"、"展示交易 + 物流"等新模式日益成型，满足"最后一公里"物流需求的快递服务实现基本覆盖，物流服务对城市生活、生产的保障能力显著增强。物流技术支撑体系逐步完善。北京物流公共信息平台（一期）建成并投入使用。自动分拣、实时跟踪、精益化管理等现代物流技术逐步推广应用。物流信息化、自动化、标准化建设持续推进，现代物流技术应用水平居国内领先地位。

进入"十二五"，首都经济社会的又好又快发展和人民生活水平的不断提高，对物流服务能力和水平都将提出更高要求。"十二五"期间，物流业发展既面临着难得的机遇，也要应对新的挑战。特大型城市为发展城市物流配送提供了巨大需求。本市商品市场交易繁荣，社会消费品零售总额连续三年居全国城市之首。"十二五"时期，北京将以保障和便利居民生活为出发点，建设更高水平的商贸流通产业体系。同时，居民收入水平的提高和对外来消费吸引力的增强，也将促进多元化消费方式，特别是以电子商务为代表的新型消费方式的发展，为农产品物流、冷链物流、电子商务物流、居民消费“最后一公里”物流等带来巨大的发展潜力。高端现代制造为发展专业化物流提供了强劲动力。“十二五”期间，本市将大力发展高端现代制造业，培育壮大一批现代产业群，重点推动新一代信息技术、生物医药、新能源、节能环保、新能源汽车、新材料、高端装备制造和航空航天等战略性新兴产业的发展。高端现代制造业产品高集成度、高附加值的特点，要求物流系统具有运作的精益性和响应的时效性。高端现代制造业区域化、全球化发展，以及企业间战略联盟体的壮大，为以供应链物流为代表的专业化物流发展注入了强劲动力。

社会物流总额年均增长20%左右，物流业对经济增长的支撑作用更加明显。物流业实现平稳较快增长，增加值年均增长8%左右，规模以上物流企业物流业务收入年均增长10%以上。物流现代化水平持续提升，到2015年，社会物流总费用与GDP的比率降至12%左右，接近发达国家平均水平；规模以上连锁超市主要商品统一配送率提高到90%以上，乡镇连锁商业系统商品统一配送率达到60%以上；果蔬、肉类、水产品冷链流通率分别提高15%左右。“十二五”时期物流规划空间布局的思路是：继续完善“三环、五带、多中心”物流节点空间布局，发挥各物流节点的设施功能优势，引导物流资源在空间上的合理配置；适应未来五年物流业发展的实际需要，以加快物流业发展方式转变和服务水平提升为着力点，深化内涵、延伸发展，按照城市保障物流、专业物流、区域物流和国际物流的发展主线，强化本市物流业发展“广覆盖”、“多组团”、“立体化”的网络结构特征，进一步优化全市物流空间布局。

但是北京市的土地资源、交通、人力等物流业发展的投入要素成本相对较高，影响到物流企业扩张发展的能力。本市服务型经济主导的产业结构调整，要求物流业加快转变发展方式，实现集约式发展，第三方物流、专业化物流服务能力需要进一步提高。公共物流区的设施、功能以及吸引集聚能力有待加强。

鼓励生产制造型企业和商贸流通企业按照专业化分工原则，剥离或外包物流业务，提高物流发展的社会化程度。支持第三方物流骨干企业提升服务能力和水平，逐步提高物流业发展的行业集中度。依托国家及北京市现代服务业综合改革试点和中关村国家自主创新示范区发展现代服务业试点工作，推动开展现代物流领域的科技创新和应用，提高物流业的科技发展水平。依靠科技进步，推动物流发展的信息化、自动化、智能化、标准化，促进物流业从外延式增长到内涵式发展转变。推动物流业两化融合，加大对物联网技术、可视化技术、货物快速分拣技术、无线射频识别技术（RFID）和移动物流信息服务等先进适用技术的推广力度，组织开展标准化应用示范项目，进一步规范物流作业流程，提高企业运作效率，引导企业加强管理创新和服务创新，带动物流行业产业升级。完善物流产业链条，按照资源节约型、环境友好型原则，鼓励节约用地、用水、用能物流项目建设，支持以绿色运输、绿色仓储、绿色包装、绿色流通加工等为代表的绿色物流发展。以电子产品、废旧家电、汽车等为重点，建设逆向物流体系，实现资源的循环再利用；在城市配送、快递物流等领域，试点组建零排放绿色新能源车队，降低对城市交通、环境的影响，推动物流业的可持续发展。

北京市年产垃圾已达600 万吨，其中包装物占重量的15%，占体积的25%，因此发展绿色包装是首都经济可持续发展的一个重要的主题。包装废弃物填理或焚烧后所产生的有害气体等对大气、水源和土壤造成污染；包装用泡沫塑料及氟氯烷烃类物质导致臭氧量减少；废塑料包装流入江河、海洋造成污染并危害海洋生物。

城市绿色物流的提出正是为了实现城市经济社会的可持续发展，通过对城市物资流动，特别是货物运输进行统筹协调，解决交通阻塞、环境污染等一系列物流公害，实现物流活动的整体最优。北京已成为一个国际性的大都市，建立一个高效的绿色物流体系已成为其加速城市发展必须解决的问题。

为落实科技部、北京市人民政府共建国家现代农业科技城建设协议，以现代服务业引领现代农业，走第一、第二、第三产业融合之路，通过资本、技术、信息等现代服务要素的聚集，打造国际化的现代绿色农产品交易平台，实现农产品优质优价，带动农业企业增效发展，促进优质安全生态高效的食品与农产品产业链建设，保障首都食品供应安全。2010 年 8 月

25 日，北京市科委、丰台区人民政府、科技部中国农村技术开发中心共同启动了“国家现代农业科技城——新发地国际绿色物流区”建设项目，这是继 8 月 16 日科技部、北京市人民政府签署国家现代农业科技城共建协议后，双方启动的第一个重要科技转化与产业化项目。

新发地国际绿色物流区是 2009 年北京市科委为解决首都食品安全而设立的“北京新发地农产品安全科技示范工程”项目的重要成果，通过引进京郊“十区百社”（京郊 10 个区县和 100 家农民专业合作社）的有机、绿色认证农产品，配合现代化的检测技术和信息追溯手段，着力打造京郊高品质农产品的集中展示交易窗口。项目整合科研院所、企业、检测机构等食品安全方面的科技资源，应用奥运食品安全科技成果，开发了农产品质量安全检测系统、安全追溯系统、网上拍卖及电子结算系统、交易管理信息系统、农产品安全预警与应急系统五大系统和农产品进出口“一站式”服务模式，为新发地批发市场农产品安全监管发挥了重要作用，从流通领域为首都食品安全把好关键一关。

新发地国际绿色物流区通过建立“从农田到餐桌”的全程检测和追溯管理体系，实现了食品安全保障功能；通过开展农产品进出口“一站式”服务和电子交易，实现了国际农产品流通贸易功能；通过实行 IC 卡会员管理和交易结算，实现了现代信息、金融服务功能；通过交易数据的综合处理，实现信息决策与安全预警功能。国际绿色物流区以现代服务业引领现代农业为发展理念，建立以现代企业制度为基础的经营管理模式，高效便捷服务全球客商，带动全国各地的高端农产品在京销售，实现了“农产品品牌和营销管理在京，生产加工在外”的总部经济发展模式，体现了国家现代农业科技城建设发展思路。

在物流区，外国客商的店铺一字排开，干净整洁，许多客商在店铺里还放置有客人休息椅、中国的功夫茶具等。每个店铺里摆放的水果看起来都很圆润、新鲜，出售的果蔬产品都贴有一个特殊的“食品安全”标签——北京市丰台区新发地食品检测中心检测合格后颁发的标志。而且，整个批发市场还有两台流动的食品检测车，随时为客户提供服务。通过正在试用的产品质量安全溯源电子系统，客户还能够迅速查出该产品的生产基地、经营者、检测报告等。

非洲的果蔬运到北京可以节约成本30%，节约时间三天。最主要的是，运送到这里的水果，新发地的管理者还要对其质量层层把关。作为经销商，他们现在“既省心又放心”。科技部相关负责人指出，国际绿色物流区开发了科技金融、产业链创业、国际合作交流、现代物流等现代服务业，体现了以现代服务业引领现代农业的理念，建立了“高端研发、品牌服务和营销管理在京，生产加工在外”的服务模式，成为国家农业科技城的一个重点项目。新发地国际绿色物流区以“面向世界、立足北京、服务全国”为发展方向，以现代服务业引领现代农业发展为根本，通过资源集成、机制创新和模式创造，将成为中国农产品走向世界的窗口，成为我国高端农产品国际交易的平台，成为保障首都食品安全的重要关口，成为推动世界城市建设的亮点工程，为全国农产品物流业的发展提供技术引领和服务支撑。

三、发展绿色物流对北京经济社会发展的意义

物流的核心活动是货物运输，从货物运输的国际发展历程看，货物运输在很长一段时间是由铁路运输所独占的。第二次世界大战以后，随着汽车工业的发展，汽车运输得到迅速发展，成为陆上货物运输的重要手段。由于汽车运输提供了安全、迅速、便捷、准确的服务，零库存、准时制配送、门到门服务等新的物流模式也随着新的经济形式的出现而不断涌现，使得卡车运输从货运的辅助手段变成了最主要的手段，也成为环境恶化的最主要原因。一般来说，在经济发展的初期，由于保持着较高的发展速度，产业结构的主要特征表现为重工业、化学工业的大力发展，而这些行业对物流的需求特别旺盛，货物周转量很大。因此，在经济发展的初期，物流量同GDP保持着同步增长的关系。这样，提高物流的供给能力就成为这个时期物流事业的主要任务。在物流的各种运输方式中，能为企业提供送货到厂门的末端物流一般都是通过卡车运输来实现的。因此，物流量急剧增加的结果就必然是卡车流量的大量增加，而卡车运输中排放的尾气、发出的噪声若不达标，就会使环境很快遭受严重的空气污染、噪声污染。

同时，当车流量的增加超过路网承受能力时，就会出现交通堵塞，既影响运输效率，也进一步加剧了环境的负担。随着经济全球化和信息化进程的快速推进，服务于生产、分配、交换和消费诸环节的物流业得到了快速发展，物流技术与管理不断推陈出新，物流产业正面临着一次新的物流革命。绿色物流是现代物流可持续发展的必然趋势，它要求物流产业发展从资源利用和环境保护角度出发，尽可能地实现经济、社会、生态效益的最大化。北京作为中国首都，是参与经济全球化和国际竞争的前沿地区，应该成为绿色物流的倡导者和先行者。在政府和企业的共同参与下，发展绿色物流，加强国际竞争力，从而带动北京社会经济和生态发展。

（一）发展绿色物流有利于促进北京的可持续发展

北京市的绿色物流体系本身是可持续发展的。绿色物流体系将实现物流体系内部各要素的网络互动，最大限度地提高物流效率，降低物流成本，使物流所需的各种资源得到有效的整合和利用，各种知识和信息得到合理的配合和使用，各种服务得到及时全面的供应。同时，在尊重区域经济发展的规律，在注重建设本市绿色物流体系的基础上，更加重视具有较强内在经济联系的经济区域，培养跨省市甚至跨国的物流协作网络，实现大联合、大协作、大提升。广泛参与东、中、西部地区物流交流与合作，要在优势互补、合作双赢的基础上推动不同地区开展广泛的物流交流与合作，引导和组织实施跨地区的重大物流项目。通过与各地区域物流的合作，真正实现物流、经济的有机结合，形成各种绿色物流系统中各要素的互动，使各方面力量相互关联，优势集成，在不断提高微观活力的基础上形成总体绿色物流优势，最终形成可持续发展的绿色物流体系。

在这一发展过程中，绿色物流完全可以作为推进北京城市发展战略的重要力量。因为绿色物流是连接绿色消费和绿色制造的纽带，是可持续发展的必然选择，不仅对北京产业结构转型升级具有重要意义，而且其发展对北京城市发展战略也具深远影响。因此发展绿色物流是北京当前需要考虑的一个重要问题。

发展绿色物流与北京实现可持续发展具有内在的一致性。绿色物流不仅是可持续发展的原则之一，也是可持续发展的重要环节。坚持可持续发展原则就是要今天的产品生产、流通和消费不致影响未来商品的生产、流通和消费的环境及资源条件。根据现代经济学外部不经济理论，发展绿色物流能有效遏制私人成本的社会化，能有效促进经济和消费生活的健康发展。因为，绿色物流与绿色制造、绿色消费共同构成了一个节约资源、保护环境的绿色经济循环系统。绿色制造是实现绿色物流和绿色消费的前提，绿色物流可以通过流通对生产的反作用来促进绿色制造，通过绿色物流管理来满足和促进绿色消费。可见，绿色物流是一项系统工程，能有效利用各种资源，并使之高效运作，有利于构造公平的社会环境，并最终促进城乡一体化的发展。这与北京城市建设以人为本、全面协调可持续发展，更好地实现速度、质量、结构、效益相统一，经济与人口、资源、环境相协调，增长与富民、发展相一致，与生活富裕、生态良好的文明发展之路具有高度的一致性。

（二）发展绿色物流有利于促进北京进一步发展外向型经济

经过改革开放以来的发展，中国经济已经成为全球经济不可或缺的有机组成部分，尤其是进入21世纪以来，中国经济持续快速的发展，已成为世界经济增长的引擎和世界上举足轻重的经济体。北京经济发展与国际社会的联系更为紧密，北京外向型经济的发展享誉海内外。随着中国对外开放程度的进一步加深，北京与国际社会的联系与交往将更加紧密，尤其是对北京外向型经济而言更是如此。然而，随着国际经济一体化的加速，随着中国逐步兑现加入世界贸易组织的承诺，北京外向型经济的发展将会面临更多的绿色壁垒。所谓绿色壁垒，是指现代国际贸易中商品进口国以保护人类健康和环境为名，通过颁布、实施严格的环保法规和苛刻的环保技术标准，以限制国外产品进口的贸易保护措施。对于发达国家来说，由于其科技水平较高，处于技术垄断地位，它们常常在保护人类健康和环境的名义下，通过立法手段，制定严格的强制性技术标准，限制国外商品进口。与国外比较，北京在产业竞争力、科技竞争力、人才竞争力等方面与相比还存在一定差距，很显然，绿色壁垒限制对北京外向型经济已经形成了很大的阻碍，并构成了巨大的压力和挑战。因而，面临着前所未有的绿色壁垒的挑战，北京发展绿色物流已迫在眉睫。

（三）发展绿色物流有利于促进北京实现科学发展

科学发展观指出，发展是包括经济增长、社会进步、人的发展在内的经济社会全面发展的过程，是整体性、系统性的发展。绿色物流虽然源于降低企业成本、提高企业经济效益，但根据现代经济学效益统一理论，发展绿色物流能最终把经济效益、环境效益和社会效益相统一。具体而言，就是社会再生产通过索取环境资源和把废弃物排入环境而把经济系统和环境系统连成一个整体；局部企业和部门生产过程中产生的较差的生态效益可导致全面、整体的经济效益的降低；经济效益本身的内涵就包括环境效益的提高。提高经济效益包括自然资源供给量的增加、自然资源生产要素的合理开发与利用及废弃物的综合利用，而这些皆有利于提高环境效益。经济效益与环境效益是相互依赖、相互制约的。后者是前者的自然基础和物质源泉，而前者是后者的经济表现形式，二者是统一的。而强调经济效益和环境效益，目的都是为了社会效益，为了使社会各方面得到发展和改善。经济效益、环境效益、社会效益三者之间是辩证统一的。它们互为条件、互相影响：在环保方面，三者的方向基本上是一致的，有良好的社会和环境效益，必有利于经济效益的提高。实施绿色物流正是为了实现经济效益、环境效益、社会效益三效益的统一。总之，发展绿色物流不仅能促进经济增长，而且还能促进社会进步，使得社会各组成部分能协调一致，提高效益，并最终实现科学发展。

（四）发展绿色物流有利于构建高效的服务型政府

中国确立市场化改革取向后，对政府改革就提出了新的要求，“小政府，大社会”呼声不断。由于绿色物流与生产、制造、流通等各个环节紧密相扣，对社会结构、制度等方面的软环境要求甚高，发展绿色物流要求各个环节必须紧密配合，缺一不可；换句话说，绿色物流与整个政府运作的高效、顺畅等息息相关，只有一个高效的服务型政府才能保证绿色物流的顺利发展。完全可以认为，发展绿色物流对建构“小政府、大社会”具有十分重要的意义。北京发展绿色物流，就意味着必须加大改革力度，对一些不合理、不适应绿色物流发展的制度、环境进行改造，积极构建高效服务型政府。北京城市的发展必然会使其成为现代物流的汇集地，现代物流业是一个高投入的产业，要发展多功能、高层次、集散功能强、辐射范围广的社会化的现代物流中心，特别是大型物流园区、物流配送中心的建设，需要大量的土地、资金和设备，发展绿色物流，要求物流产业从环境出发，尽可能地实现经济、社会、生态效益的最大化。发展绿色物流在吸引来自世界各地投资者进入的同时，还可以从一个侧面反映北京这个城市的魅力。具有魅力的城市吸引投资者，赢得的不仅仅是物流业的发展，更重要的是这个城市的综合实力得到了提升。总之，发展绿色物流是北京城市发展的理性选择和迫切要求。

《中华人民共和国国民经济和社会发展第十二个五年规划纲要》中提出，物流业主要发展任务是加快建立社会化、专业化、信息化的现代物流服务体系，大力发展第三方物流，优先整合和利用现有物流资源，加强物流基础设施的建设和衔接，提高物流效率，降低物流成本。我国政府在两个五年规划中分别提出大力发展现代物流业，说明物流业的发展已经得到政府的重视，并提高了其战略地位，在一定程度上促进了我国物流业的健康持续发展。2009 年 3 月物流业被列入《十大产业振兴规划》中，物流业的发展再次受到了政府的高度重视，并把发展物流业上升到国家战略高度。在随后国务院正式出台的《物流业调整和振兴规划》中把发展物流业纳入应对国际金融危机的计划中，极大提升了物流业在整个国民经济中的地位和作用。《物流业调整和振兴规划》把绿色物流作为现代物流的发展方向加以确立：初步建立起布局合理、技术先进、节能环保、便捷高效、安全有序并具有一定国际竞争力的现代物流服务体系。规划还表明要根据行业发展实际建立物流技术标准，提高物流运作效率，大力发展第三方物流，逐步建立以信息化、现代化、科学化、合理化为特点的现代物流服务体系，加强企业社会责任感建设，在物流设施建设方面继续坚持最严格的节约用地制度，注重物流运作中的能源节约和环境保护，通过先进技术减少废气排放和交通拥堵，实现交通安全，在促进物流业健康发展的同时，实现经济社会的可持续发展。北京市政府在2010年颁布并实施的《绿色北京行动计划》中，为了应对资源和环境的双重压力，积极践行绿色发展理念，转变经济发展方式，推动北京市经济社会与资源环境的协调发展，把搭建绿色物流体系作为一项重要措施。北京市政府通过各项具体措施鼓励企业发展集约型、无污染、低耗能物流，推动物流企业使用先进物流技术和设备，建立绿色物流发展模式；大力发展第三方物流，增加共同配送业务量的比重；鼓励企业实施废弃物的回收利用，发展循环经济，推动绿色北京的建设。

（五）发展绿色物流有利于满足人民大众的利益

如今，绿色已成为人们关注和消费的主题，绿色GDP、绿色物流、绿色生产、绿色消费、绿色制造、绿色中国等与绿色有关的新理念不断涌现，反映代表环境保护的、绿色观念已开始普及，日渐成为国民日常生活关心的一部分，它不仅是我国物流未来的发展趋势，也是国民经济健康与可持续发展的条件之一，物流活动所涉及的一系列环节，如运输、加工、包装和储存等由于处理不当会给环境造成某种程度的破坏，恶化生存环境，从而影响国民的生活质量，作为生产和消费的中介，绿色物流是随着人们生活水平的提高，尤其是绿色消费的提出应运而生的，没有绿色物流的支撑就难以实现绿色消费，就难以满足人们高质量的生活需求。绿色物流减轻物流对城市交通的压力，将物流基地迁出市区，规划建设在五环路外交通便利位置，限制大型运输车进入市区，进出市区的货物先集中到物流基地，集零为整，再统一运输，提高车辆的运输率。

绿色北京发展战略将城市发展建设与生态环境改善紧密结合，以切实提升首都可持续发展能力为核心，把发展绿色经济和循环经济，建设低碳城市作为首都未来发展的战略方向，以技术进步、制度创新为动力，深入推进节能减排，积极开展低碳经济试点，全力打造绿色生产体系，积极创建绿色消费体系，加快完善绿色环境体系，努力把北京建设成为更加繁荣、文明、和谐、宜居的城市，由绿色商流和绿色物流构成的绿色流通应该成为北京市可持续发展必不可少的组成部分，将极大地改善人民生活。

（六）发展绿色物流有利于促进改善北京城市定位

新中国成立以来，北京市根据国家发展需要进行了多次发展规划调整。北京市从新中国成立初期的快速工业化，到改革开放后向消费型城市转型，无不体现着国家宏观经济发展的方向。如今，适应国家建设和谐社会的需要，北京市正在谋求经济的绿色转型。中国在解放前是个落后的农业国家且连续经受了长达百年的动荡，于是，迅速恢复和发展生产成为新中国在当时国际形势下的首要任务，也是维护国家尊严与获得民族自立的关键所在。由于当时的苏联是社会主义国家理所当然的学习榜样，又由于国际上存在大量敌对势力，北京市因而参照了当时苏联的城市模式，实施了由消费城市向工业城市转型战略，迅速发展成以重工业为主的城市。工业为北京市带来繁荣与自立的同时，也导致了严重的环境污染。中央与地方政府对北京市的定位随之做出了持续调整。1953 年，中国颁布了《改建与扩建北京市规划草案要点》，将北京市的城市性质定义为“我国政治、经济和文化的中心，特别要把它建设成为我国强大的工业基地和科学技术中心。该规划借鉴了1938 年莫斯科的城市规划，在北京市的城内与郊区安排了大量工业企业。1958 年制定的《北京城市规划初步方案》将北京市定位于中国的政治中心和文化教育中心，同时还应是现代化的工业基地和科学技术中心。工业城市定位使得北京市的钢铁、石油化工、建材等产业得以迅速发展，也使北京市的物质消耗与废弃物排放量快速增加，从而造成了北京市的资源与环境困境。1973 年的《北京市建设总体规划方案》仍然将北京市定位于工业城市，但是对由于工业化造成的环境污染给予了关注，提出多快好省地把北京市建成拥有现代工业、现代农业、现代科学文化和现代城市设施的清洁社会主义首都。但是北京市的环境污染状况并没有好转，于是 1983 年的《中共中央、国务院关于对（北京城市建设总体规划方案）的批复》提出北京市应不再发展重工业，转而发展高精尖的、技术密集型的工业。该规划还试图控制中心城区的发展、转而开发远郊卫星城。1983 年的规划强调了北京市的“中国的政治中心和文化中心”，随后使得越来越多的工业企业退出北京市城区。但是以工业作为支撑的北京市还无法适应工业的快速退出，尤其是为了迎接1990年亚运会而开展的庞大基础建设需要巨额资金。北京市开始寻求符合自身特色的经济发展之路，如设立经济技术开发区、培育高科技产业等。1993年，中共中央、国务院要求北京市根据文化、科技、教育、人才、信息、金融、旅游等方面的优势，发展第三产业。1993年的《北京城市总体规划》则提出北京市是中国的首都、政治中心和文化中心，是世界著名的古都和现代国际城市。相应地，北京市提出大力发展第三产业，逐步限制和调整工业结构的构想。1993年的城市规划与以前的规划相比，并没有明显的突破，发展工业仍然是其核心内容。但是北京市在经济实践中逐渐开始重视古都的文化价值，不再积极鼓励工业发展，而是通过基础设施和居住区建设繁荣商业经济，陆续建成一批现代化的酒店、文化设施等，第三产业的地位逐渐得到提升。该版城市规划对耗能高、污染大、效益低的企业采取了积极限制政策，而对能够发挥首都人才技术优势的高科技企业则采取的积极鼓励政策。1997年北京市制定并实施“首都经济”战略，谋求借难得的首都优势发展高新技术产业。2001年北京市“十五”规划提出发展科技型经济、服务型经济、文化型经济和开放型经济。2005年通过的《北京城市总体规划(2004—2020年)》对北京市对城市定位进行了再一次调整，明确提出要将北京市建设成为“空气清新、环境优美、生态良好的宜居城市”，将北京市定位于“中华人民共和国的首都，全国的政治中心、文化中心，世界著名古都和现代国际城市”，要求北京市“坚持以经济建设为中心，走科技含量高、资源消耗低、环境污染少、人力资源优势得到充分发挥的新兴工业化道路，大力发展循环经济”战略构想。2010年2月，北京市再次提出到2050年左右，建设成为经济、社会、生态全面协调可持续发展的城市，进入世界城市行列。

以科学发展观为指导，重点构建以现代国际城市生活、生产服务的城市末端物流，以供应链管理技术和信息技术为手段，改造、提升传统物流业，最大限度地降低成本、提高效率，努力将北京建设成为在国际上颇具影响、在国内全面领先的重要物流节点城市，为首都的现代化建设提供强有力的支撑。根据北京的城市性质和发展目标、经济特征及物流需求分析，北京物流发展的功能定位是：立足首都，构建为现代国际城市生活、生产服务的城市末端物流和辐射环渤海经济区、面向全国乃至世界的开放型现代物流体系，重点突出“两条线”，即发展以配送为主导的都市物流和发展辐射型开放性的区域物流。到 2020 年，进一步提升物流业的发展水平，基本上形成布局科学、结构合理的现代城市物流空间体系和技术先进、相关产业发展配套齐全、具有国际竞争力的现代化物流业发展体系。

（七）发展绿色物流有利于提高北京企业核心竞争力

绿色物流是社会效益与经济效益“双赢”的物流体系，可持续发展是在人类要求实现人口、资源、环境与经济持续协调发展的过程中提出的。可持续发展是 21 世纪不论是发达国家，还是发展中国家处理经济发展与环境保护相互关系的共同选择。将可持续发展思想应用于物流，就产生了绿色物流的概念。绿色物流从环境的角度对物流体系进行改进，形成了与环境共生型的物流管理系统。绿色物流的实施不仅是企业的事情，而且还应从政府规制的角度，对现有的物流体制强化管理，构筑绿色物流建立与发展的框架。

发展绿色物流是北京提高企业核心竞争力、参与国际竞争的内在需要，正是由于绿色物流具有可持续发展的特点，附加值高，且有利于人类的健康，因而发达国家纷纷加快发展绿色物流。如美国、欧盟等，自 20 世纪 80 年代开始，就大力提倡并促进绿色物流的健康发展，现已培育了一些比较有影响力的绿色物流企业，如德国的 DHL 等。许多企业凭借其雄厚的竞争优势，纷纷抢滩登陆中国。很显然，未来在绿色物流领域中外企业的竞争将会很激烈。经过改革开放后 30 多年的发展，北京已积累了一定的经济实力。无论是从增强企业竞争力，实现可持续发展战略而言，还是从北京自然环境的承载能力等方面来看，北京必须大力发展绿色物流，不仅仅是在未来的竞争中赢得比较优势，更是北京增强核心竞争力、树立北京品牌的需要。发展绿色物流符合企业的利益，是节约资源、降低物流成本的需要。绿色物流不仅是一般物流的节约和降低成本，更重视的是绿色化和由此带来的节能、高效、低污染，企业通过对资源的节约利用，对运输和仓储的科学规划和合理布局，可以大幅降低物流成本，原材料和废弃物的循环利用可以降低企业的原料成本，增强企业竞争优势，绿色物流还有助于企业树立良好的企业形象，更容易获得环境标准认证，增强企业的市场竞争力，培养客户的忠诚度。

第二章　泛北京地区绿色物流体系构成

可持续发展是在人类要求实现人口、资源、环境与经济持续协调发展的过程中提出的。可持续发展是21世纪不论是发达国家，还是发展中国家处理经济发展与环境保护相互关系的共同选择。将可持续发展思想应用于物流，就产生了绿色物流的概念。所谓绿色物流，指的是连接绿色供给主体和绿色需求主体，克服空间和时间阻碍的有效、快速的绿色商品和服务流动的经济管理活动过程。绿色物流从环境的角度对物流体系进行改进，形成了与环境共生型的物流管理系统。

绿色物流是当今经济可持续发展的一个重要组成部分，它对社会经济的不断发展和人类生活质量的提高具有重要的意义。正因为如此，绿色物流的实施不仅是企业的事情，而且还必须从政府规制的角度，对现有的物流体制强化管理，构筑绿色物流建立与发展的框架。

第一节　绿色物流体系的基本性质

绿色物流从本质上来说是可持续发展的物流，强调生态和社会的全面发展和长远利益，注重对环境的保护，体现企业负责人的社会态度，其基本性质包括以下几点：

一、绿色物流是共生型物流

绿色物流注重从环境保护与可持续发展的角度，求得环境与经济发展共存；通过物流理念的革新与物流技术的进步，减少或消除物流对环境的负面影响。传统物流往往以对环境与生态的破坏为代价，实现物流的效率化。一些行业的物流在发展迅速的同时，也隐藏着巨大的环境风险。绿色物流谋求与环境、社会的共同发展，在社会持续发展，环境持续改善的前提下，促进物流行业的发展，这才是共生型物流的本质所在，因此，从绿色物流的资源节约性和环境保护性上，可以看到，绿色物流与经济、社会、环境的发展不是对立的，而是共同存在，共同发展的，绿色物流的发展不仅不会破坏环境，反而会促进环境的改善，保证三方的共同发展。

二、绿色物流是低熵型物流

熵是指在一个封闭系统中，总呈现出有效能量减少而无效能量增加的一个不可逆过程。可以理解为不能再被转化做功的能量的总和的测定单位。低熵就是低耗能，低污染。反之称为高熵。我国正处在工业化进程的重化工时代，人口多、土地少、人均自然资源匮乏，是我国的国情。低熵物流首先是低能耗物流，可以最大限度地节约资源、能源，合理配置资源，提高生产率。低熵物流的意义不仅仅在于对资源的节约，更在于效率的提高，换言之，低熵物流实际上是物流的一种高效运作模式，通过对资源的高效利用来减少浪费，提高效率。绿色物流是低熵物流，绿色物流要求在储存过程中物品存放有序、搬运活性指数提高，在物流系统运行中实现“无缝物流”。

三、绿色物流是循环经济物流

循环经济是运用生态学规律来指导人类社会的经济活动，以资源的高效利用和循环利用为核心，以少耗材（Reduce）、再利用（Reuse）、再循环（Recycle）为基本原则，以低消耗、低排放、高效率为基本特征的社会生产和再生产形式，其实质是以尽可能少的资源消耗和尽可能小的环境代价实现最大的经济社会发展效益。绿色物流是循环经济物流，遵循循环经济三个基本原则，即减量化、再利用、资源化。循环物流包括原材料及副产品的再循环、包装物再循环、废品回收、资源垃圾的收集和再资源化等。原材料及副产品的再循环主要是针对生产过程中，一些在工厂内被检测出质量问题的产品，将直接进入再循环的过程，原材料和副产品将被重新加工，进行再利用；包装物的再循环是指商品外包装的循环使用，如木制托盘、注塑托盘的循环使用，面包等食品周转箱的循环使用等，内包装一般不做循环使用；废品的回收一般不用做循环，直接进行无害化处理；资源性垃圾主要是指含有可利用资源的垃圾，这类垃圾如果直接进行无害化处理，就会造成资源的浪费，因此应首先进行资源的回收，使其进入再资源化过程，然后进行垃圾的处理。

第二节　泛北京地区绿色物流体系的构建原则

泛北京地区地域范围较大，包括了天津、河北全境，辽宁省的葫芦岛市、锦州市，内蒙古自治区的乌兰布察市、呼和浩特市，山西省的太原市、大同市，山东省的德州市、滨州市，济南市和淄博市等地区，如图 2－1 所示。

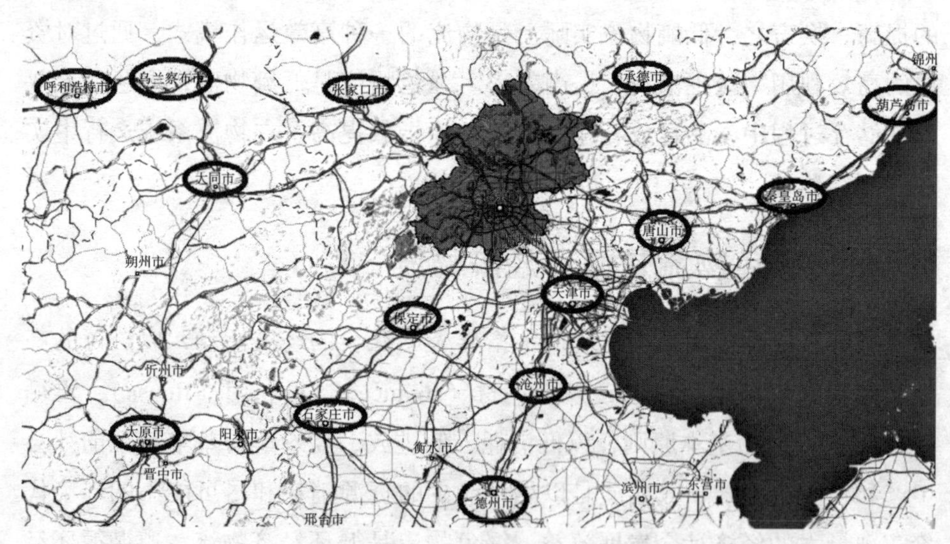

图 2－1　泛北京地区地域范围

各地区物流体系的发展情况各不相同，针对绿色物流体系的构建，需要遵循以下几个原则。

一、互通性原则

泛北京地区地域广大，因此绿色物流体系也相对庞大，各地区物流系统发展的状态不同，在构建绿色物流体系时，需要从各地的实际出发，根据具体情况构建各自的绿色物流体系，但是同时，泛北京地区作为一个相对的大区域，绿色物流体系又应该是互通的，应该具有统一性，也就是说，各地物流系统应有统一的标准化接口，在系统之间可以实现无障碍互通，而这个标准接口就是绿色物流标准体系。绿色物流标准目前还没有形成体系，针对绿色物流的标准也仅仅是在车辆运输等方面才有，在生产、仓储、销售等环节都没有相关标准，这也是绿色物流体系发展的一个重要瓶颈。

二、动态性原则

绿色物流体系是一个有生命的物流体系，在这个体系中，各种绿色物流政策、措施，各类绿色物流活动处于不断地更新和变化中。但需要注意的是，北京作为泛北京地区的中心，其绿色物流政策对其他地区政策的制定具有示范效应。但是，各地的情况有所不同，北京的政策不能完全适用的，各地应进行灵活的调整，使其政策具有一定的柔性。随着经济的不断发展，政策措施也应随之调整，这就是动态性原则的具体体现。动态性的另一方面，就是允许高效率的进入，低效率的退出，并且退出门槛相对较低。绿色物流体系的建设过程中，会不断涌现新的技术，如果旧有的技术不能退出，新的技术就无法发挥作用，因此，动态性原则要求必须有技术的更新机制，保证最新的可靠的绿色物流技术的应用。

三、针对性原则

绿色物流体系的建设过程中，不能盲目建设，更不能不分主次，应该有针对性的进行建设。在绿色物流体系的建设过程中，应注意一下几个问题。

首先，绿色物流体系应针对环境的保护进行建设。这也是绿色物流的根本所在。通过绿色物流体系的建设，减少环境污染，降低碳排放，保护我们赖以生存的环境。这也是绿色物流体系存在的根本意义所在。

其次，绿色物流体系应针对提高效率进行建设。目前在物流体系中存在大量的低效浪费现象，如运输中的迂回情况、往复运输等，仓储中的频繁调仓等，都给整个物流体系带来了更多的消耗，相应的产生浪费的环节也更多。绿色物流体系的建设应体现高效节能的特点，从改善效率入手，减少不必要的运输和仓储活动，去除不产生价值的环节，逐步减少浪费，提高资源利用率的同时，提高生产效率。

最后，绿色物流体系应针对总成本的改善进行建设。新技术的研发需要大量的投资，而投资最终要转变成高额的利润回报，这意味着新的绿色物流技术是高成本的，因此很多人谈“绿”色变，认为绿色物流一定是以高成本为代价的。现实情况的确如此，绿色物流技术的研发和应用在前期都会导致高成本低利润的情况，但是这种高成本只是暂时的，随着新技术应用越来越普遍，技术成本将逐渐降低并趋于一个稳定的水平，绿色物流成本也将逐步得到改善。

四、经济性原则

谈到“绿色”这个概念，大部分消费者的感觉就是“贵”，可见，“绿色化”的成本高，投资大。相应地，绿色物流体系的构建是否也是投资巨大？从物流系统本身的构建角度看，其投资已经是非一般的企业所能承受，因而通常来说，物流体系中的基础设施及场站部分都是由国家投资建设，可以看到，物流系统的建设本身就耗资巨大，那么是不是绿色物流体系的建设需要更多的投资？在一个地区没有完善的物流体系的情况下，建设新的物流体系的确需要更多的资金，但是如果一个地区物流体系相对成熟，基础设施不需要大量投入的情况下，绿色物流体系的建设仅仅是针对物流体系中部分流程的改造和升级，实际上并不需要大量的资金投入，绿色物流体系的建设也应该秉承经济性原则，在选择相关的设施设备时，兼顾节能、生态和环保，尽量选择资源节约的设备。

第三节　泛北京地区绿色物流体系的网络构成

泛北京地区绿色物流体系是一个庞大的网络体系，它由北京地区绿色物流体系主干网和周边地区绿色物流体系辅助网以及网络接口共同构成。

一、北京地区绿色物流体系主干网

绿色物流体系主干网络应该是以北京为中心，向泛北京地区内其他城市延伸的网络体系。北京地区绿色物流发展相对成熟，政府和企业对于绿色物流的发展非常重视。绿色物流从根本上讲，是对环境友好的物流，北京市政府历来重视对环境的保护，奥运期间对环境的治理也收到了良好的效果。针对物流产业的发展，北京市不仅制定了相关的政策法规，更是对一些具体的与物流相关的环境保护问题做出了详细的部署。在运输、仓储、包装等物流环节上都已经有一定程度的“绿化”。从政府的角度讲，政策制定的目的是为了向公众提供更好的公共福利，但是从企业的角度讲，绿色物流如果不是低成本、高效率的，就必定是无用的。因此，对北京地区主干绿色物流体系的建设，应考虑在政府能力范围内进行适度的补贴，帮助企业在运营过程中减少来自“绿色”的成本压力。同时，积极扶持企业对于物流体系中老旧设施的“绿化”改造，争取在一段时期内，实现企业物流运营的整体“绿化”。

二、周边地区绿色物流体系辅助网

周边绿色物流体系辅助网络指的是北京周边地区主要城市的绿色物流网络体系。目前情况看，北京周边地区绿色物流体系的建设仍然存在诸多问题。大部分地区的物流体系建设还不够完善，物流园区少，质量差，公路等基础设施不够完备，这些问题现实存在。这对于泛北京地区绿色物流体系的构建来说，是忧，亦是喜。是忧，在于技术设施尚不完备的物流体系，何谈绿色？没有一个良好的基础物流体系，周边地区的物流服务质量、服务水平都很难与北京看齐，泛北京地区物流体系的服务标准无法统一，绿色物流体系也就无从谈起了。是喜，在于不完善的物流设施需要建设，而这种建设应该是具有高起点的建设，一些老旧的、已经淘汰的设施设备将不会被使用，新的低碳标准和低碳环保设备将直接用于物流体系中的基础设施建设。如果将周边地区的物流体系纳入泛北京地区的范畴，那么从宏观物流的角度讲，国家应针对周边地区不同的物流发展水平对其基础设施体系建设给予资金、政策上的支持。

应该说，周边地区绿色物流辅助网络是主干网的延伸，也是泛北京地区绿色物流体系的重要组成部分。如果说主干网是大动脉的话，辅助网络就是分支血管乃至毛细血管，辅助网络不实现绿色化，主干网络的绿色化所带来的收益将大打折扣，因此其建设也是极为重要和迫切的。

三、网络接口

泛北京地区的绿色物流体系是一个整体，主干网络与辅助网络之间的连接不能仅仅依靠商流的天然连接，更需要设置一个标准的接口，而这一标准接口包含了诸多方面的含义。

（一）基础设施绿色化标准

基础设施的建设是绿色物流体系的基础，基础设施的建设标准关系到主干网与辅助网的统一问题。基础设施相关标准统一，服务才有可能实现统一，各地的绿色物流体系才可能在同一起跑线上共同发展。如果基础设施的建设标准不能实现统一，那么主干网和辅助网的联系将被弱化，体系的综合性也将无法体现。

物流基础设施是指在供应链的整体服务功能上和供应链的某些环节上，满足绿色物流组织与管理需要的、具有综合或单一功能的场所或组织的统称，主要包括公路、铁路、港口、机场、流通中心以及网络通信基础等。物流基础设施的绿色化就是针对相关基础设施进行节能减排的改造，使之符合绿色物流的相关要求。在绿色化的过程中，由于各地区、企业的具体情况不同，对于绿色物流的标准要求理解也不尽相同，这就使得在基础设施的绿色化上存在多重标准，在河北地区符合要求的标准，到北京地区可能就达不到相关标准，这样的问题也现实存在。因此，在进行网络接口建设的时候，首先就要针对基础设施绿色化标准进行建设，要设计一套符合绿色物流体系建设的较高水平的标准。

（二）节能减排标准

节能减排是绿色物流体系的根本。绿色化的目的就是为了降低碳排放，减少对环境的污染，北京地区的环境污染已经到了相当严重的地步，重度雾霾天气频频出现，本质上讲，这其中也有物流行业造成的污染所带来的影响。针对污染，北京市就本市范围提出了众多的管控措施，但是，北京市的污染不仅仅是北京自身的排放造成的，也有河北、天津、山西等周边地区的污染集聚造成的，因此，对污染的治理不能仅仅针对北京，相应的对绿色物流的发展也不能仅仅针对北京地区，而应该针对范围更大的泛北京地区进行治理。制定合理的节能减排标准就是其中的手段之一。因此，针对泛北京地区绿色物流体系的发展，首要的任务就是要设置统一的高水平的节能减排标准，具体到运输车辆的排量，仓储设施的规模、包装品的使用等一系列与物流相关的作业和流程，节能减排的标准各地有所不同，针对泛北京地区，需要结合实际情况，制定一个相对较高的标准，实现物流体系的真正“绿化”。

（三）效率标准

在“绿化”物流体系的同时，不能忽略物流效率的提高。一个好的绿色物流体系不仅仅能够实现环境的有效改善，更重要的是增加资源的循环使用，减少新投入资源的使用，杜绝浪费，提高物流效率。这也是最难实现标准化的一个方面。在绿色物流体系的效率标准上，应借鉴北京地区主干物流系统的一般效率标准，对辅助物流系统的物流效率进行限制，提出效率的下限，保证泛北京地区绿色物流体系的物流效率在一定水平之上正常运行。

在绿色物流体系运行的初期，应该对绿色物流效率标准进行限制，保证绿色物流的高效率运行，在绿色物流体系运行正常后，物流效率会自然提高，此时就应该适当放宽物流效率的限制，保证企业在正常运行的情况下，维持合理的效率，保证合理的利润水平。

（四）服务标准

物流的本质是服务，绿色物流体系也是一种绿色服务体系。从企业的角度来说，应建立一整套的工作效率标准，而从消费者的角度讲，则应建立良好的服务标准。绿色物流体系注重持续的对环境的改善和效率的提高，而其前提则是对消费者提供良好的服务，绿色物流体系能够为消费者提供优质、快捷，同时又是低能耗、低成本、高价值的物流服务，而这些优势需要标准来约束，也就是说，优质、高效、低成本、低能耗和高价值是需要标准来衡量的，因此建设绿色物流体系的服务标准就显得尤为重要。没有标准，绿色物流体系也就失去了作为物流体系本身的重要意义。因此，统一的服务标准，对泛北京地区物流服务消费者的意义更为重大。

第四节　绿色物流体系的内涵构成

绿色物流是经济可持续发展的必然结果，对社会经济的不断发展和人类生活质量的提高具有重要意义。构筑绿色物流的发展体系，离不开政府、企业和消费者三者共同努力。实施绿色物流体系势在必行，实现经济效益与社会效益、生态效益的三态合一的三赢目标，也必将成为物流的发展趋势。

绿色物流体系的内涵非常广泛，既包括了绿色运输系统，也包括了绿色仓储系统、绿色装卸系统、绿色包装、绿色流通加工、绿色信息处理和传递、企业绿色物流管理以及绿色物流政策等内容，涵盖了与环境保护与物流相关的各个方面，具体来说，主要包括以下几方面内容：

一、绿色运输系统

绿色运输系统是为了降低物流活动中的交通拥挤、降低污染、促进社会公平、节省建设维护费用而发展低污染的、有利于城市环境的、多元化交通工具来完成物流活动的交通运输系统以及为最大限度地降低交通污染程度而采取的对交通源、交通量、交通流的规制体系。绿色交通运输的理念是三方面的统一结合，即通达、有序；安全、舒适；低能耗、低污染。

绿色运输要求正确确定货物流向和流量，合理规划运输网络和节点，积极开展分区产销平衡合理运输；选择最佳运输方式，有效开展中短距离铁路、公路分流；开展直达运输、直拨运输和合装整车运输；提高运输工具的运行效率，增加运输能力；通过流通加工，减少无效运输；建立综合运输体系，发展特殊运输技术和运输工具，加强运输监控。绿色运输系统要达到与社会发展的和谐，即：

交通与生态的和谐（维护生态平衡与环保要求）；

交通与未来的和谐（适应于未来物流产业的发展）；

交通与社会的和谐（以社会效益最大化为基础）；

交通与资源的和谐（以最小的代价或最小的资源维持物流交通的需求）。

仓储和运输一样是物流的“核心”，它解决了商品流通在时间上的矛盾。交通运输工具的大量能源消耗；运输过程中排放大量的有害气体，产生噪声污染；运输易燃、易爆、化学品等危险原材料或产品可能引起的爆炸、泄漏等事故，都会对环境造成很大的影响，因此构建企业绿色物流体系就显得至关重要。绿色运输的内涵包括以下几点：

（一）合理配置配送中心和制订运输配送计划

运输过程不仅包括长距离的运送过程，也包括了短途的配送过程。长距离的运送过程强调制订合理的运输计划，包括运输的时间、运输的路线、运输的安全性与合理性等，而短距离的配送过程则强调合理配置配送中心，按照客户要求的时间、地点和配送品种、数量进行相关的工作，一般认为，配送中心距离客户越近，配送时间越能够灵活控制，服务水平也相应的越高，因此合理配置配送中心，包括配送中心的数量和到客户的距离，就是非常重要的。合理配置配送中心，制订配送计划，提高运输效率以降低货损量和货运量。在合理配置相关资源的情况下，可以考虑开展共同配送，将几家客户的货物集结后进行统一的配送和残次品的回收，可以减少车辆运行的辆次，缩短车辆运行里程，减少污染，明显地减少货流，实现资源的充分利用。小批次多批量配送可以使企业的库存水平大大降低，甚至实现零库存，以此降低仓储成本，进而降低产品的整体成本水平。

（二）合理采用不同的运输方式和工具

目前主流的运输方式包括公路运输、铁路运输、水运、航空运输和管道运输五种，公路运输与铁路运输是比较常见的货运方式，而公路运输则是高污染高能耗的货运方式，因此在进行货物的运输时，要综合考虑运量、运力、能耗、污染等因素灵活安排运输方式，在条件允许的情况下尽量采用铁路运输和水运方式。管道运输是一种安全节能的绿色运输方式，但是管道运输适用的货物品类有限，目前仅适用于石油、天然气、煤浆等流体货物。在必须使用公路运输的前提下，也要综合考虑运量、运力、车辆容积和排量等因素，选择最为合适的运输工具完成相关作业。

通过发货计划的均衡化、配送路线的最优化，合理规划网点及配送中心，可以提高往返载货率，减少错误配送和回流运输；通过有效利用车辆，降低车辆运行，提高配送效率；合理采用不同运输方式，尽量选择铁路、海运等绿色运输方式，降低废气排放量。在运输工具的选择上，尽量选用清洁能源运输工具，如以天然气、酒精及汽油的混合动力、太阳能、电力为动力的运输工具等。

（三）建立绿色运输标准化体系

运输作为高污染的行业，在绿色物流体系中处于优先被改造的环节，对运输的绿色化改造问题主要集中在绿色运输的标准化体系建设上。如果只是泛泛地谈绿色运输，而没有相应的标准，那么对于企业来讲就没有规章制度可依，绿色运输也就不具备可实施性。因此在绿色运输系统中，应该有一套比较完整的绿色运输标准化体系，供泛北京地区的企业参照执行。

不仅仅是针对运输环节，对配送、装卸等环节，可以通过对重复性事物和概念制定发布和实施各类标准，达到协调统一，以获得最佳经济和社会效益。当前，要从物流系统的整体出发，制定各子系统的设备、设施、专用工具等的技术标准、业务工作标准，研究各子系统技术标准和业务标准的配合性，按配合性要求，统一整个物流运输系统的标准。

二、绿色仓储与保管系统

仓储与保管是物流活动的主要构成要素，在物流活动中起着重要的作用。绿色仓储与保管是在仓储环节减少储存货物对周围环境的污染，减少能源的消耗，保护工作人员的身体健康，同时避免储存物品在存储过程中的损耗而采取的科学合理的仓储保管体系。

绿色仓储，有广义和狭义之分。广义的绿色仓储要求仓库网点布局合理，以减少运输里程、节约运输成本。如果仓库布局过于密集，会导致服务能力过剩，从而增加能源消耗，增加污染物排放；如果布局过于稀疏，则会降低运输的效率，增加空载率。狭义的绿色仓储是指针对仓库内部运作，合理安排货物的货位，根据货物进出的频率安排货物到仓库进入口的距离，方便仓库员工的分检工作，提高仓库运作效率，从而实现仓库内部运作的绿色化。此外，还要根据物资的性能、特点，分门别类地采取不同的方法储存保管。各类储存设施的设计和建造必须达到不污染环境的要求，同时加强维护和保养，做好防潮、防腐、防水、防变、防漏、防飞扬等工作。

在整个绿色仓储与保管过程中应优先运用最先进的保质保鲜技术，保障存货的数量和质量不受到储存环境的影响，在无货损的前提下消除污染，降低碳排放。尤其要注意对有毒化学品、放射性商品、易燃、易爆商品的泄漏和污染防止。一般在储存环节，应加强科学养护，采取现代化的储存保养技术，加强日常的检查与防护措施，使仓库设备和人员尽可能少受侵蚀。

三、绿色装卸搬运系统

绿色装卸搬运是为尽可能减少装卸搬运环节产生的粉尘烟雾等污染物

而采取的现代化的装卸搬运手段及措施。

首先要消除无效搬运。要提高搬运活动的有效性，只搬运必要的物资，如有些物资要去除杂质之后再搬运比较合理；避免过度包装，减少无效负荷；提高装载效率，充分发挥搬运机器的能力和装载空间；搬运过程中可以使用配载技术，平衡重量和容积之间的关系，中空的物件可以填装其他小物品再进行搬运；减少倒载次数，作业次数增加不仅浪费了人力、物力，还增加了物品损坏的可能性，更重要的是无效搬运次数的增加会使装卸搬运中的粉尘弥漫，对环境造成污染。

其次要提高搬运活性。放置在仓库的物品都是待运物品，应使之处在易于移动的状态，也就是说，货物应具有较高的搬运活性。（“搬运活性”指在装卸搬运作业的物资进行搬运装卸作业的方便性）。物品放置时要有利于下次搬运，如装于容器内并垫放的物品较散放于地面的物品易于搬运。在装上时要考虑便于卸下；在入库时要考虑便于出库；要创造易于搬运的环境和使用易于搬运的包装。这样做一方面提高了搬运装卸效率，另一方面也减少了可能造成的污染程度。

再次注意货物集散场地的污染防护工作。在货物集散场地，尽量减少泄漏和损坏，杜绝粉尘、烟雾污染；清洗货车的废水要处理后排出以防为主、防治结合。在货物集散地要采用防尘装置，制定最高容许容度标准；废水应集中收集、处理和排放，加强现场的管理和监督。

四、绿色包装系统

很少有制造商考虑产品包装对环境影响很大，多数人甚至认为精美的包装象征着高档的产品。生活垃圾中大部分是包装物的事实，足以说明包装物对我们的环境产生了怎样的影响。包装物的绿色化是实施绿色物流管理的重要组成部分。

绿色包装是指采用节约资源、保护环境的包装。设计包装时，既要考虑保护商品、方便储运、促进销售的功能，又要符合少耗材（Reduction）、再利用（Reuse）、可回收（Reclaim）、再循环（Recycle）的要求。在流通过程中，应采取措施实现包装的合理化与现代化。绿色包装强调包装的简化，在保证商品不受到伤害的前提下，进行适度包装，采用可以循环使用的包装材料，最大限度地减少不可降解包装物对货物的损害。

（一）物流模数的应用

物流模数是指物流设施与设备的尺寸基准。物流模数是为了物流的合理化和标准化，以数值关系表示的物流系统各种因素尺寸的标准尺度。它是由物流系统中的各种因素构成的，这些因素包括：货物的成组、成组货物的装卸机械、搬运机械和设备以及运输设施、用于货物保管的机械和设备等。物流模数是由 ISO 中央秘书处及欧洲各国认定的 1200mm × 1000mm 的矩形，是最小的集装尺寸，如图 2－2 所示。物品的外包装尺寸是物流模数尺寸的分割系列。该尺寸是保证满足物流基础模数尺寸的倍数前提下，从卡车和集装箱的尺寸“分割”导出。物流模数尺寸可以看成是物流系统中适于机械作业的最小单元。物流输送设备的输送空间尺寸以及成组化器

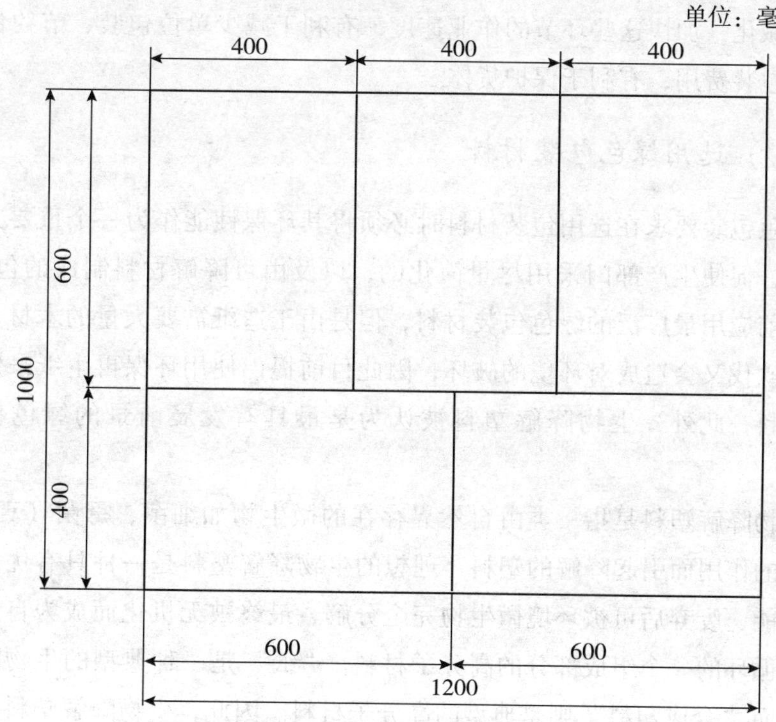

图 2－2 模数尺寸配合关系

具的载货面积应该是物流模数尺寸的倍数系列，仓库中的货架、装卸设备的操作部件的尺寸也应该与物流模数尺寸相配合。大多数物流托盘的平面尺寸是物流模数尺寸。现在，作为物流标准化进程的过渡，也允许使用1200mm×800mm和1100mm×1100mm等规格的非标准托盘尺寸。目前，中国尚未推出国家物流模数标准，也未宣布采用该物流模数标准。但是很多外向型企业处于产品出口集装等要求，已经自觉按照欧洲的标准执行物流模数系列，相信在不久的将来我国也将执行相关的物流模数标准。

包装模数标准确定之后，各种进入流通领域的产品便需按模数所规定尺寸进行包装，按模数包装之后，各种包装货物可以按一定规定随意组合，包装模数化有利于小包装的集合，利用集装箱及托盘装箱、装盘。包装模数如能和仓库设施、运输设施尺寸模数统一化，也利于运输和保管，从而实现物流系统的合理化。采用集装箱、集装袋、托盘等集装方式实现包装的大型化和集装化，有利于物流系统在装卸、搬迁、保管、运输等过程的机械化，加快这些环节的作业速度，有利于减少单位包装，节约包装材料和包装费用，有利于保护货体。

（二）选用绿色包装材料

绿色包装要求在选用包装材料时必须将其环保性能作为一个重要方面来研究，促使生产部门采用尽量简化的，以及由可降解材料制成的包装。纸是目前应用最广泛的绿色包装材料，但是由于造纸需要大量的木材，而木材的砍伐又会造成对环境的破坏，因此目前提倡使用环保再生纸来作为包装材料，此外，生物降解塑料被认为是最具有发展前景的绿色包装材料。

生物降解塑料是指一类由自然界存在的微生物如细菌、霉菌（真菌）和藻类的作用而引起降解的塑料。理想的生物降解塑料是一种具有优良的使用性能、废弃后可被环境微生物完全分解、最终被无机化而成为自然界中碳素循环的一个组成部分的高分子材料。“纸”是一种典型的生物降解材料，而“合成塑料”则是典型的高分子材料。因此，生物降解塑料是兼有“纸”和“合成塑料”这两种材料性质的高分子材料。相比传统塑料包装材料，新型降解材料成本稍高。但是随着环保意识的增强，人们愿意为保护环境而使用价格稍高的新型降解材料，环保意识的增强给生物降解新材料行业带来了巨大的发展机遇。

包装材料消耗了大量的自然资源，包装废弃物给环境造成严重的污染，随着物流量的增大，及人们对“资源有限”认识的加深，因商品包装而引起的资源耗费、垃圾公害、环境污染等越来越受到重视。因此，应借鉴国外的4R＋1D（即少耗材、可再用、可回收、可再循环＋开发新绿色材料）发展理念，积极加强企业绿色化建设，使用绿色包装，采用可降解的包装材料，设计简易包装，减少一次性包装，提高包装废弃物的回收再生利用率，加强绿色包装宣传等。

（三）选用易回收再生的材料和可多次利用的包装

如果包装废弃物能够且易于回收、再生，不仅可以减轻其对环境的污染，而且还有利于材料的循环再使用，减少废弃垃圾处理费用，具有明显的社会效益和经济效益。目前很多的集合包装都是可回收包装，如托盘，木制框架箱，食品周转箱等都可以回收后反复多次使用。另外一部分包装如塑料、纸箱等回收后可以通过一系列的处理过程重新用于包装的制造并投入到商品的流通中，这也是包装系统绿色化的一个重要过程。

采用周转包装不仅可以减少包装材料对环境的污染，提高资源利用效率，更可以有效地降低企业运营成本，使产品价格趋于合理，增强产品的市场竞争力。

（四）简化包装，进行适度包装

过度包装是指包装的耗材过多、分量过重、体积过大、成本过高、装潢过于华丽、说辞过于溢美等。目前，对商品进行过度包装的现象日趋严重，不少包装已经背离了其应有的功能。过度包装形成了严重的资源浪费，也会造成不必要的污染。商业领域的过度包装除了为了促进销售而进行的过度华丽的包装之外，还包括了在生产领域为了防止货物受到运输过程中的损害而进行的过度外包装，包装过于坚固，过于庞大，超出了商品被保护的实际需要，这是一种典型的过度包装表现形式。简化包装的新潮流，可大大减少包装废弃物，符合循环经济的减量化原则，我们应予大力提倡。采用集装箱、集装袋、托盘等大型化集装方式包装有利于物流系统在装卸、搬迁、保管、运输等过程的机械化，加快这些环节的作业速度；有利于减少单位包装，节约包装材料和包装费用，有利于保护货体。

五、绿色流通加工系统

流通加工（Distribution Processing）指物品在从生产地到使用的过程中，根据需要施加包装、分割、计量、分拣、组装、价格贴付、标签贴付、商品检验等简单作业的总称。流通加工具有较强的生产性，也是流通部门对环境保护可以大有作为的领域。

绿色流通加工是出于环保考虑的无污染的流通加工方式及相关政策措施的总和。绿色流通加工主要包括两个方面措施：一是变消费者加工为专业集中加工，以规模作业方式提高资源利用效率，减少环境污染；二是集中处理消费品加工中产生的边角废料，以减少消费者分散加工所造成的废弃物的污染。这就要求厂商在生产时要加强进料和用料的运筹安排，在产品的设计阶段要考虑资源的可获得性和可回收性，以减少生产过程中废弃物料的产生。

总之，应由分散生产、分散流通加工向专业化集中转变，以实现规模经济，提高资源利用率；同时，集中处理生产制造和流通加工中的三废（废气、废水、废料），通过技术创新和技术改造，发展循环经济，实施三废的闭环利用，形成节能降耗和减污增效的有机统一。

六、绿色逆向物流系统

现代大量生产、大量流通、大量消费的结果必然导致大量废弃，大量废弃物的出现对经济社会产生了严重的消极影响，导致废弃物处理困难，同时引发社会资源的枯竭以及自然环境的恶化。因此，降低废弃物物流，实现资源的再使用、再利用，建立起生产、流通、消费的循环往复系统，亦即绿色逆向物流系统，成为构建绿色物流体系的一个重要方面。要求企业在考虑自身物流效率化的同时，必须与企业的交易关系者协同起来，从现代物流管理的角度综合考虑调度、生产和配送活动，同时伴随物流管理活动的深化，需要从整个产销供应链的视野组织物流，而且随着这种供应链管理的进一步发展，还必须考虑废弃物的循环物流。循环型物流控制的对象包含了生产商、批发商、零售商和消费者全体，并且物质流程不在是从上到下，信息流程也不再是从下而上，而是不断循环往复。

逆向物流天生具有绿色的属性。逆向物流是与传统供应链反向，为价值恢复或处置合理而对原材料、中间库存、最终产品及相关信息从消费地到起始点的有效实际流动所进行的计划、管理和控制过程。逆向物流的表现是多样化的，从使用过的包装到经处理过的电脑设备，从未售商品的退货到机械零件等。也就是说，逆向物流包含来自于客户手中的产品及其包装品、零部件、物料等物资的流动。简而言之，逆向物流就是从客户手中回收用过的、过时的或者损坏的产品和包装开始，直至最终处理环节的过程。但是现在越来越被普遍接受的观点是，逆向物流是在整个产品生命周期中对产品和物资的完整的、有效的和高效的利用过程的协调。可见逆向物流天生具有绿色的属性。

逆向物流的存在取代了传统物料的单向运作模式，有利于减少不适当物流所带来的环境污染，减少因焚烧、填埋带来的资源浪费。同时也能降低企业处理废旧物品的成本，改善企业和整个供应链的绩效，产生巨大的社会效益和经济效益。绿色逆向物流管理的主要目的是充分节约和利用资源与能源，保护生态环境，提高经济效益，最终实现可持续发展的战略方针。

企业正向物流过程中产生废弃物料的来源主要有两个：一是生产过程中未能形成合格产品而不具有使用价值的物料，如产品加工过程中产生的废品、废件，钢铁厂产生的钢渣，机械厂产生的切削加工形成的切削等；另外一个是流通过程中产生的废弃物，如被捆包的物品解捆后产生的废弃的木箱、编织袋、纸箱、捆绳等。由于垃圾堆场的日益减少，因此厂商寻找减少废弃物料的方法就显得越发重要。一方面厂商要加强进料和用料的运筹安排，另一方面在产品的设计阶段就要考虑资源的可得性和回收性能，减少生产中的废弃物料的产生。对产生的废弃物做到净化处理，无论是焚化销毁还是掩埋，都应该符合环保标准，不污染空气、水源和土壤，以最大限度地减少废弃物的流量。

绿色逆向物流管理包含以下几个方面：

（一）回收废旧物品

这是逆向物流系统的起始点，它决定着整个逆向物流体系能否赢利。废旧产品回收的数量、质量、方式以及返回的时间选择都应该在有效控制之下，如果这些问题不能得到有效控制，那可能使得整个逆向物流体系一团糟，从而使得对这些产品再加工的效率得不到保证。要解决这个问题，厂商必须和负责收集旧产品的批发商及零售商保持良好的接触和沟通。

（二）废旧物品的运输

如何对废旧产品运输和分类没有固定的模式，可以根据不同产品的性质而定，比如，对易碎品像瓶子、显示器等的处理方式和轮胎、家具等完全不同。需要注意的是我们不仅要考虑产品的运输和储藏成本，还要考虑产品随着回收时间延长的“沉没成本”，从而对不同产品在时间上给予不同的对待。

（三）回收产品的修理或复原

企业可以通过两种方式从回收产品中获取价值：一是取出其中的元件，经过修理后重新应用；二是通过对该产品全部的重新加工再重新销售。但是，相对于商品生产而言，对回收产品的修理和再加工有很大的不确定性，因为回收的产品在质量和时间上可能差异很大，这就要求我们在对回收产品分类时，尽量把档次、质量及生产时间类似的产品分为一组，从而降低其可变性。

回收产品的测试、分类和分级是一项劳动和时间密集型的工作。但是，如果企业通过设立质量标准、使用传感器、条形码以及其他技术使得测试自动化，就可以改进这道工序。一般来说，在逆向物流体系中，企业应该在质量、产品形状或者变量的基础上尽早地作出对产品的处置决策，这可以大大降低物流成本，并且缩短再加工产品的上市时间。

（四）再循环产品的销售

回收产品经过修理或复原后就可以投入到市场上进行再销售。与普通产品一样，企业如果计划销售再循环的产品，首先需要进行市场需求分析，从而决定是在原来市场销售，还是开辟新的市场，在此基础上企业就可以制定出再循环产品的销售决策，并且进行销售。总之，绿色物流是经济可持续发展的必然结果，有效实施绿色物流体系，有利于增强企业的社会责任感，提高企业声誉，取得新的竞争优势。

资源循环、资源回用等逆向物流的举措可以给物流企业带来实际收益，成为物流企业利润的新源泉。据西方学者估计，目前全球逆向物流市场已达200亿美元规模之巨。但在我国，逆向物流还没有得到充分发展，只是局限于废旧物资回收、生活垃圾分类等初级行为，经济效益尚不明显。我国的逆向物流工作基本上是在政府的组织下进行的，作为企业自身行为的逆向物流活动还不多见。

逆向物流既是绿色物流管理过程的关键组成，也是企业增强竞争能力的战略武器。它能够充分利用现有资源，减少对原材料的需求，常被发达国家作为建设循环型经济的重要举措。实施逆向绿色物流是一项系统的工程，需要有完善的商品召回制度、废物回收制度以及危险废物处理处置制度。

七、绿色物流标准化体系

物流标准化是指以物流为一个大系统，制定系统内部实施、机械装备、专用工具等各个分系统的技术标准；制定系统内各分领域如包装、装卸、运输等方面的工作标准；以系统为出发点，研究各分系统与分领域中技术标准与工作标准的配合性，按配合性要求，统一整个物流系统的标准；研究物流系统与其他相关系统的配合性，进一步谋求物流大系统的标准统一。

面向环境的绿色物流，不仅需要企业的努力，还需要政府为现代物流体制的规制制定系统的标准和法规。由于缺乏物流安全标准、噪声标准、排气标准、车速标准、废弃物回收等方面的具体规定，导致监管控制不力，这也是物流影响环境的重要原因之一。另外，制定各环节统一的标准，便于各环节的协调，能促使运输包装容器直接重用，从而减少固体废弃物、节约资源。因此，从可持续发展和环境保护的角度分析，迫切需要制定物流绿色化标准。

绿色物流作为节能、环保、可持续的物流，其标准化还刚刚起步，目前，针对绿色物流的标准化体系尚未建立，仅有部分物流活动有一定的标准，如运输车辆的排放标准，仓库的能耗标准等，针对企业内部运作、管理，以及销售物流的绿色化尚未有明确的标准体系提出，这也是未来需要努力的方向。

八、企业绿色物流管理系统

所谓“企业绿色物流管理”，就是将环境保护的观念融于企业物流经营管理之中，它涉及企业供应链管理的各个层次、各个领域、各个方面、各个过程，要求在企业供应链中时时处处考虑环保与可持续发展，处处体现绿色。这一思想可概括为“5R”原则，即：

研究（Research），将环保纳入企业的决策要素中，重视研究企业的环境对策；

少耗材（Reduce），采用新技术、新工艺，减少或消除有害废弃物的排放；

再利用（Reuse），变传统产品为环保产品，积极采取“ 绿色标志”；

再循环（Recycle），对废旧产品进行回收处理，循环利用；

保护（Rescue），积极参与社区内的环境整洁活动，对员工和公众进行绿色宣传，树立绿色企业形象。

具体地说，企业实施绿色物流管理，要达到三个主要目标：

第一，物质资源利用的最大化。通过集约型的科学管理，合理配置企业资源，使企业所需要的各种物质资源最有效、最充分地得到利用，使单位资源的产出达到最大最优；

第二，废弃物排放的最小化。通过实行以预防为主的措施和全过程控制的环境管理，使生产经营过程中的各种废弃物最大限度地减少；

第三，适应市场需求的产品绿色化。根据市场需求，开发对环境、对消费者无污染和安全、优质的产品。

三者之间是相互联系、相互制约的，资源利用越充分，环境负荷就越小；产品绿色化又会促进物质资源的有效利用和环境保护。通过这三个目标的实现，最终使企业发展目标与社会发展目标与社会发展、环境改善协调同步，走上企业与社会都能可持续发展的双赢之路。

（一）绿色采购物流

企业采购部门加大与产品设计部门、生产部门和营销部门的沟通与合作，共同决定采用各种材料和零部件以及供应商的选择，通过减少采购难以处理或对生态系统有害的材料，提高材料的再循环和再使用，减少不必要的包装和更多使用可降解或可回收的包装等措施，降低材料和零部件的购买成本，降低末端环境治理成本，提高企业产品质量，改善企业内部环境状况，最终提高企业绩效。

（二）绿色供应物流

供应商的原材料、半成品的质量的好坏优劣直接决定着最终产成品的性能，所以要实施绿色物流还要从源头上加以控制。绿色原材料应符合以下要求：环境友好性；不加任何涂镀，废弃后能自然分解并能为自然界吸收的材料；易加工且加工中无污染或污染最小；易回收、易处理、可重用的材料，并尽量减少材料的种类，这样有利于原材料的循环使用。

绿色供应物流因市场条件不同而有很大的不同，在物资资料供不应求的市场条件下，采购人员必须千方百计找寻所需的物资资料；在供大于求的条件下，降低成本与减少库存，以适当的品质、适当的数量、适当的时间、适当的场所、适当的价格供应生产所需物质资料，配合企业总体战略目标的实现，成为供应物流追求的目标。由于政府对企业的环境行为严格管制，并且供应商的成本绩效和运行状况对企业经济活动构成直接影响。因此，在绿色供应物流中，要增加供应商选择和评价的环境指标，对供应商的环境绩效进行调控。

（三）绿色生产物流

生产物流绿化要以物资供应为起点，经过加工制成的半成品进入半成品仓库，或者继续按照生产工艺和流程不断流转，直至产出成品，然后经过检验、分类、包装、装卸搬运等作业环节，最后进入成品仓库。由于生产物流主要取决于生产工艺流程，工厂相关车间、仓库的配置，以及车间内流水线、作业点的布置，都必须从缩短生产物流的路线距离和减少装卸搬运的作业次数出发，提高生产物流的效率。

绿色生产不仅包括绿色原材料的供应，而且应包括绿色设计与制造以及绿色包装、绿色储存、绿色流通加工、绿色装卸、绿色信息收集和管理、树立企业绿色形象。

（四）绿色销售物流

绿色销售物流是指制造企业在营销过程中充分体现环境意识和社会意识，从产品的设计、生产、制造、废弃物的处理方式的过程中制定的有利于环境保护的市场营销组合策略。其焦点是谋求企业利益、社会利益和生态环境利益的统一。绿色销售物流是制造企业实施绿色物流不可缺少的一个重要环节。其主要内容有搜集绿色市场信息、制定绿色产品价格以及开展绿色渠道营销等。

消费者的绿色需求是构建绿色物流体系的动力。随着资源节约型、环境友好型社会的观念不断深入人心，消费者越来越关注企业的社会责任感，在绿色需求的驱动下，企业为了树立良好的形象，会自觉地进行绿色物流管理。另外，消费者的舆论要求也促使政府加强绿色物流的规划和建设。

九、绿色物流制度政策系统

在物流活动中造成资源浪费、环境污染的厂家和个人并不承担或仅承担其成本的很小一部分，而这种消极行为的所有或部分受害者并不是这些行为的履行者。为了解决这种负外部经济效应，需要政府在整个社会层面对物流领域进行干预。从这种意义上说，绿色物流事业既包括厂商和个人行为，又包括政府行为。政府环保物流政策的实施工具包括：通过立法和制订行政规则，将节约资源、保护环境的物流要求制度化，动用舆论工具进行环境伦理、绿色观念、绿色意识的大众宣传，利用税收及收费手段对物流活动污染制造行为予以限制和惩罚，以基金或补贴的形式对节约资源、保护环境的物流行为予以鼓励和资助，利用产业政策直接限制浪费资源和制造污染物流企业发展，支持绿色产业的发展等。绿色物流政策系统可以考虑从以下三个方面进行构建。

首先，整体规划。政府应重视绿色物流体系构建，从宏观上整体规划绿色物流的发展方向和实施步骤。

其次，法律约束。政府应不断完善与绿色物流相关的已有法律法规，如《环境保护法》《固体废物污染环境防治法》以及环境噪声污染防治条例等，并且要构筑涉及绿色物流体系各个构成要素的一整套法律体系。

再次，政策调控。政府应从政策上运用各种调控方法引导企业实现物流绿色化，如提高排污收费标准，税收调节，通过信贷、价格、补贴等方式来支持企业发展绿色物流等。

共生型绿色物流已渐成为经济可持续发展的一个重要组成部分，对社会经济的不断发展和人类生活质量的提高具有重大意义。所以，绿色物流的实施，除企业外，还必须从政府规制的角度，对现有的物流体制进行强化管理，与企业共同构筑绿色物流体系发展框架。

（一）绿色运输制度政策系统

政府应从三方面对物流运输体制进行规制：发生源规制、交通量规制和交通流规制。

1. **发生源规制**

政府应当采取完善、有效的措施，遏制企业物流发展造成的对环境的破坏，对污染源进行严格控制。策略有：对废气排放、车辆噪声进行规制；促进使用符合规制条件的车辆；普及推进低公害车。同时，应积极发挥经济杠杆的作用，予以适度调节。

对发生源的管理主要是对物流过程中产生环境问题的来源进行管理。由于物流活动的日益增加及配送服务的发展，引起在途运输的车辆增加，必然导致大气污染加重。可以采取以下措施对发生源进行控制：制定相应的环境法规，对废气排放量及车种进行限制；采取措施促进使用符合限制条件的车辆；普及使用低公害车辆；对车辆产生的噪声进行限制。我国自20 世纪 90 年代末开始不断强化对污染源的控制，如北京市为治理大气污染发布两阶段治理目标，不仅对新生产的车辆制定了严格的排污标准，而且对在用车辆进行治理改造，污染物排放量大为降低。

2. **交通量规制**

发挥政府的指导作用，推动企业从自用车运输向营业用货车运输转化，发展共同配送，建立现代化的物流信息网络等，以最终实现物流的效率化。策略有：货车使用合理化指导；促进企业选择合适的运输方式；以推进共同事业来提高中小企业流通的效率化；统筹物流中心的建设等。

对交通量的管理要发挥政府的指导作用，推动企业从自用车运输向营业用货车运输转化；促进企业选择合理的运输方式，发展共同配送；政府统筹物流中心的建设；建设现代化的物流管理信息网络等，从而最终实现物流效益化，特别是要提高中小企业的物流效率。通过这些措施来减少货流，有效地消除交错运输，缓解交通拥挤状况，提高货物运输效率。

3. **交通流规制**

通过建立都市中心部环状道路、道路停车规制以及实现交通管制的高度化来减少交通阻塞、提高配送效率。策略包括环状道路的建设、道路与铁路的立体交叉发展、交通管制系统的现代化等。

对交通流的管理上，政府投入相应的资金，建立都市中心部环状道路，制定有关道路停车管理规定；采取措施实现交通管制系统的现代化；

开展道路与铁路的立体交叉发展，以减少交通堵塞，提高配送的效率，达到环保的目的。推进绿色物流除了加强政府管理外，还应重视民间绿色物流的倡导，加强企业的绿色经营意识，发挥企业在环境保护方面的作用，从而形成一种自律型的物流管理体系。

（二）绿色仓储制度政策系统

仓储活动的绿色化已经推进了相当长的一段时间，针对绿色仓储的政策主要包括以下几个方面：

1. 仓储设施选址的科学化

目前，在仓储设施的选址上，北京地区已经出台了相关政策，规定在一定的区域范围内不再审批仓库建设，大规模的仓储设施仅允许在一定地域范围之内进行建设，这主要是考虑到仓库这类大型设施会对当地居民的生活造成较大的影响，同时，仓储行业属于高污染行业，本身并不适合在人口稠密的地区进行建设，仓库的性质也决定了其周围的交通基础设施要相对完善，车辆进出量相对庞大，因此在进行仓库的选址时要选择在人口相对稀疏的地区进行建设。

2. 绿色仓储设备的相关规定和政策

绿色仓储设施的应用是仓储绿色化的关键。绿色仓储设施主要包括两类，一类是基础性的仓储设施，包括货架、托盘、叉车等；一类是特殊仓储设施，如冷冻冷藏库使用的制冷机、相关保温设施等。

关于基础性仓储设施，目前国家针对货架的相关标准已经在实施中，货架属于仓库必备仓储设施，货架使用的材料多为钢材等无污染材料，国家对于货架的规定仅有材料、强度、高度等，没有环保的相关规定。托盘是使用比较多的物流流转设施，对于托盘的使用目前国家政策仅对尺寸进行了相关规定，对材质、重量、污染释放标准等都没有具体详细的规定。2011 年对国内多家托盘生产企业、托盘使用及销售企业进行初步调查的结果，目前中国拥有的各种类型托盘总数约为 16000 万～20000 万片，每年产量递增 2000 万片左右。其中木制托盘占 85%，塑料托盘占 12%，钢制托盘、复合材料托盘以及纸制托盘合计占 3%。可以看到，木制托盘占托盘增量总数的85%，而木材的使用前提是大量的砍伐，进而对环境保护、水土保持等造成严重的破坏，木制托盘本身并不是良好的托盘材料，因其易腐烂受潮，受外界环境的影响较大，损坏率较高，流转时间较短，并不符合绿色环保的要求；而塑料托盘由于其造价相对高昂，企业处于成本的原因很少使用，但如果从使用时间和强度的角度进行综合考虑，塑料托盘的使用还是有其合理性的。国家应在托盘的使用上有相关的政策规制，促使企业更多的使用环保高效的流转设施。

叉车等仓库内搬运设施是绿色标准相对比较完善的一部分。目前仓库内运行的叉车出于安全的考虑，基本都采用电作为能源，由于库内运作的特殊性，并不要求速度快，因此电能完全可以满足相关运作的需要，且电能是完全无污染的绿色能源，运作全过程不会产生碳排放，国家目前针对电动叉车相关的技术标准等已经非常完善。

针对特殊仓储设施如制冷机械设备，保温材料、设备等的相关标准和制度规定也已经存在，如针对制冷机的能耗标准、污染排放标准等，已经有了相关的规定，对于保温材料、保温设施的基本保温能力、保冷的时间等也有了一定的要求，但是，对于一定空间范围内使用冷机的数量和能耗标准，目前还没有明确的规定。政府的政策措施具有一定的宽松性，但是企业从自身经营的角度，往往采用低限标准，现实中很难进行明确具体的限制。

第五节　绿色供应链

一、绿色供应链的概念

绿色供应链是一种在整个供应链内综合考虑环境影响和资源效率的现代管理模式，它以绿色制造理论和供应链管理技术为基础，涉及供应商、生产厂商、销售商和用户，其目的是使产品从物料获取、加工、包装、仓储、运输、使用到报废处理的整个过程中，对环境的影响（负作用）最小，资源效率最高。绿色供应链管理（Green Supply Chain Management）又称环境意识供应链管理（Environmentally Conscious Supply Chain Management），它考虑了供应链中各个环节的环境问题，注重对于环境的保护，促进经济与环境的协调发展。集成管理的思想与系统思想在绿色供应链管理中得到了体现，绿色供应链管理的思想已经开始得到学术界的重视。与此同时，绿色供应链管理已经在工业界开始了积极的实践，一些著名企业如通用、耐克已经开始了卓有成效的绿色供应链管理。绿色供应链的成员及过程如图 2－3 所示。

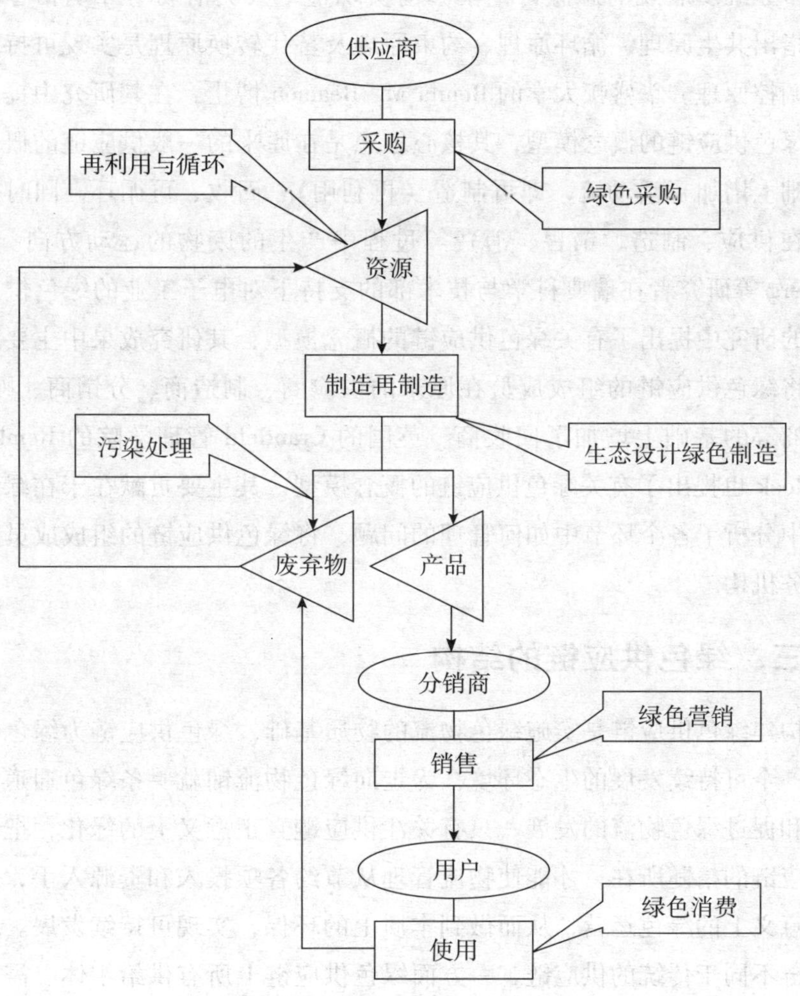

图 2－3　绿色供应链的成员及过程示意图

二、绿色供应链管理的目标

绿色供应链是可持续发展思想在制造业中的体现。可持续发展思想是人类在其自身改造与适应自然界过程中出现资源、环境、人口三者之间的矛盾时提出的三维发展战略，众多学者与有识之士针对环境恶化的情况提出了新的发展观：二维发展观与三维发展观。在人类进入21世纪之际，三维发展观已经成为各国经济发展的基本指导思想，刘培哲教授与潘家华教授基于三维发展观的思想讨论了如何实现整个人类活动与环境相容的问题，指出共生原理、循环原理、约束原理及替代转换原理是实现可持续发展的调控原理。华盛顿大学的 Benita M. Beamon 博士，在其研究中提出了有关绿色供应链的概念模型，其核心思想是在原来的一般供应链的概念模型基础上增加了活动流，即再制造（再利用）、回收、再循环，同时也描述了在供应、制造、销售、消费等过程中产生的废物的运动方向。Tina Karlberg 等研究者在瑞典科学与技术部的支持下对电子工业的绿色供应链管理的研究中提出了有关绿色供应链的概念模型，其研究成果中主要的贡献是将绿色供应链的组成成员在原来的供应商、制造商、分销商、顾客、运输商等的基础上增加了回收商。英国的 Cranfield 管理学院的 Remko I. van Hoek 也提出了有关绿色供应链的概念模型，其主要贡献在于在绿色供应链中分析了各个环节中如何管理的问题，将绿色供应链的组成成员增加了服务机构。

三、绿色供应链的结构

构建绿色供应链是实施绿色物流的物质基础，绿色供应链为绿色物流营造一个可持续发展的生态环境，为走向绿色物流铺就一条绿色通道，并支持和促进绿色物流的发展。只有关注供应链真正意义上的绿化，把握绿色供应链的精髓所在，才能使物流管理从节约各项投入和资源入手，达到真正意义上的绿色运营，从而做到本质上的环保，实现可持续发展。绿色供应链不同于传统的供应链，一方面绿色供应链上所有供给主体、需求主体、配送中心、通道、商品、服务满足绿色物流的标准。另一方面绿色供应链上要有独立的绿色回收商、逆向物流处理中心、专业化的再处理中心，整个供应链是一个循环物流系统。绿色供应链系统结构如图2－4所示。

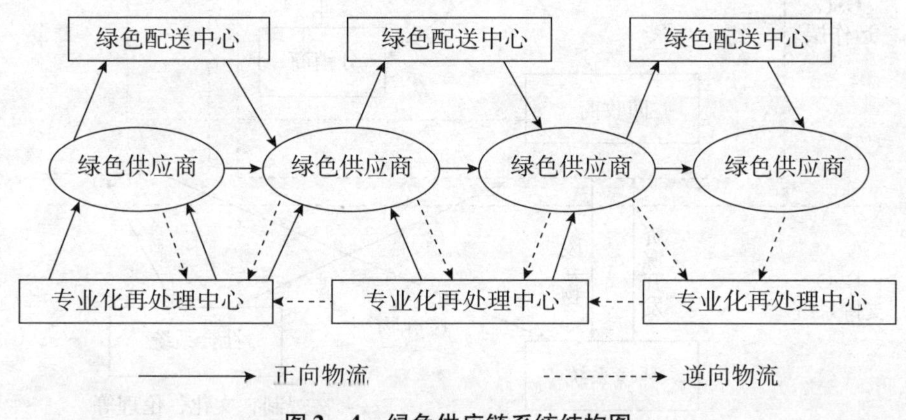

图2－4　绿色供应链系统结构图

一般来说，绿色供应链可以细分为生产系统、消费者系统、环境系统及社会系统4个子系统，这一划分有利于分析绿色供应链管理的目标，也符合三维发展观。

生产系统包括从资源的投入到产品制造的全过程，其目标为资源的优化利用；消费系统包括消费者最终消费的过程，其目标为消费者福利的改善；环境系统包括资源的提供与废弃物的回收与再生，其目标为实现供应链与环境的和谐相融；社会系统主要从规制、文化与伦理等因素方面提供引导、激励、约束进而使得其行为主体的活动能实现与环境相容。社会系统的目标表现为，政府通过制度、文化与伦理等措施引导供应链内的生产系统与消费系统的行为主体来实现各子系统之间目标的协调与优化，社会系统的目标具体由其他3个子系统的目标来实现，如图2－5所示。

四、绿色供应链的集成特性

绿色供应链管理是一个复杂的系统工程问题，因而有必要对绿色供应链管理的系统特性，特别是其中的集成特性进行研究。绿色供应链管理的集成特性是指问题领域的集成、效益的集成、信息的集成、过程的集成和

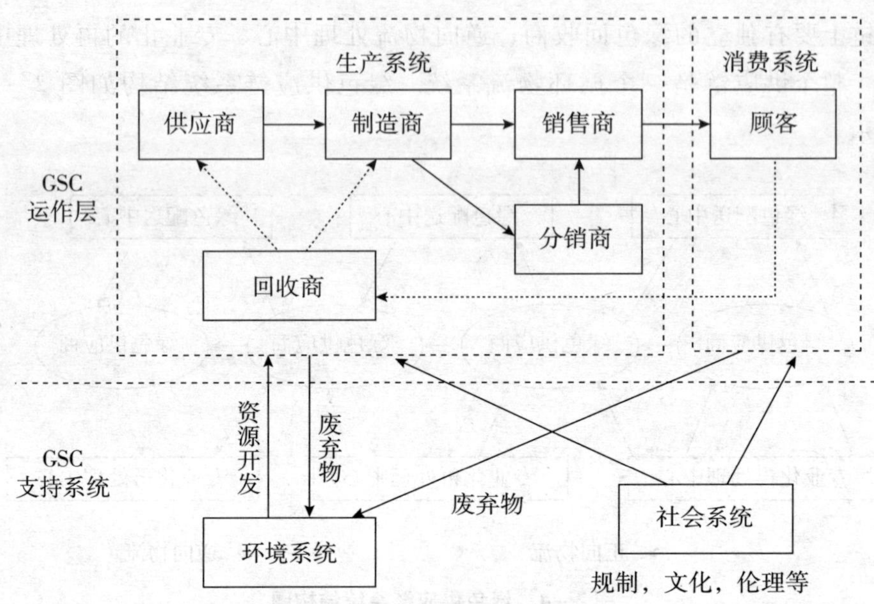

图 2-5　绿色供应链子系统构成

功能目标的集成。

（一）绿色供应链管理的问题领域集成

从绿色供应链管理的定义可知，绿色供应链管理涉及的问题领域包括三部分：①供应链管理问题；②环境保护问题；③资源优化问题。绿色供应链管理就是这三部分内容的交叉和集成如图 2-6 所示。

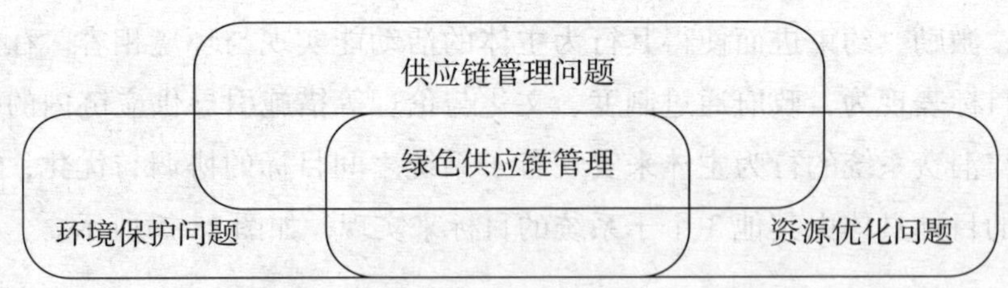

图 2-6　绿色供应链管理问题领域集成

（二）绿色供应链管理的效益集成

传统上，企业追求的目标几乎是唯一的，即追求最大的经济效益。为此，企业有时甚至不惜牺牲环境效益，对资源消耗问题也主要算经济账，而很少考虑如何节约有限的自然资源。绿色供应链管理的实施要求企业既要考虑经济效益，更要考虑社会效益（包括环境效益和可持续发展效益等），于是企业追求的目标从单一的经济效益优化转变为经济效益和社会效益协调优化。事实上，绿色供应链管理不仅是一个社会效益显著的行为，也是取得显著经济效益的有效手段。例如，实施绿色供应链管理，可最大限度地提高资源利用率，减少资源消耗，从而直接降低成本；可减少或消除环境污染，从而减少或避免因环境问题引起的罚款；将全面改善或美化企业员工的工作环境，既可改善员工的健康状况和提高工作安全性，减少不必要的开支，又可使员工心情舒畅，有助于提高员工的主观能动性和工作效率，以创造出更大的利润；将使企业具有更好的社会形象，为企业增添无形资产等。

（三）绿色供应链管理的信息集成

供应链管理中的信息流无处不在、无时不有。绿色供应链管理除了涉及普通供应链管理的所有信息及其集成考虑外，还特别强调应集成处理和考虑与资源消耗信息和环境影响信息有关的信息，并且将供应链管理的信息流、物流和能量流有机地结合，系统地加以集成和优化。

（四）绿色供应链管理的过程集成

绿色供应链管理的定义表明，绿色供应链管理涵盖了产品多生命周期的每一过程。所谓产品多生命周期不仅包括本代产品从设计、制造、包装、运输、使用到报废为止所经历的全部时间，而且还包括本代产品报废后，产品或其零部件在下一代、再下一代等多代产品中的循环再用的时间。由此可见，绿色供应链管理是基于数据库及其数据交换标准的产品多生命周期的集成，如图 2 - 7 所示。

（五）绿色供应链管理的功能目标集成

传统供应链管理的功能目标只包含 T（时间）、Q（质量）、C（成

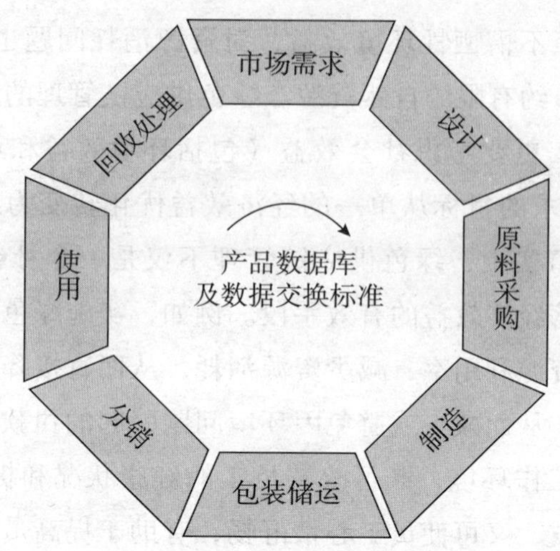

图 2-7 绿色供应链管理过程集成

本)、S(服务)四个目标。但是随着科技的进步、社会的发展以及 ISO 14000 系列标准的实行，各国企业不得不重视环境和资源问题，E(环境)和 R(资源)目标已发展成为与 T、Q、C、S 目标同等重要，乃至更加重要的功能目标。因此，绿色供应链管理的功能目标应该包括 T、Q、C、S、E 和 R，如图 2-8 所示。图中各功能目标旁的箭头表示追求的功能目标的变化方向，即尽可能短的市场响应时间、尽可能高的产品质量、尽可能低的产品成本、尽可能好的产品服务、尽可能小的环境负影响和尽可能低的

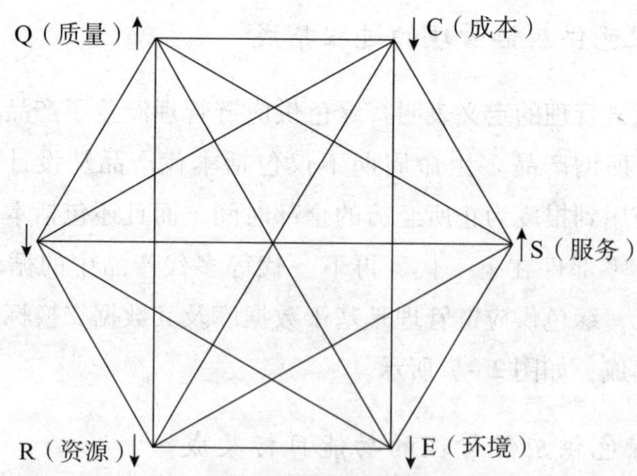

图 2-8 绿色供应链管理功能目标集成

资源消耗。该模型还表明，T、Q、C、S、E、R是相互关联的，它们构成了一个绿色供应链管理功能目标的有机体系。

五、绿色供应链管理的实施

绿色供应链管理需要从企业内部的单个职能部门的环境管理转变为跨组织的联盟内的协调的环境管理，绿色供应链管理实施的前提是实现绿色供应链成员的协调。众多的研究者就如何在绿色供应链成员间达到协调关系展开了多角度的研究，Ken Green指出组织与组织之间的合作关系及合作方式是推动、激励与强迫各企业实现其活动与环境相容的关键性因素，Jeremy Hall基于案例研究指出，在整个供应商的行业领导者在供应链渠道中占有主导力量则有利于绿色供应链的运作，Richard指出在绿色供应链中的供应商评价、精益供应链及在供应链内建立合作战略等有利于改进整个链的活动与环境相容的程度。总结前人的研究成果，笔者认为绿色供应链管理的实施是通过战略层、动机层与业务层三个层次的协调来实现。

（一）战略层

战略层协调的主要目标是在供应链成员战略层就整体竞争战略、环境管理战略达到一致，其基础性的问题是合伙伙伴的选择与整个供应链网络的构建。具体协调的内容包括：

1. 整体竞争战略的协调

其目标是在产品的功能分析与市场竞争态势的分析基础上，利用战略管理理论确定适合产品类型的整体竞争战略，即确定是在整个供应链内建立敏捷供应链还是精益供应链。对于创新性产品则往往强调敏捷供应，而对于功能性产品则往往强调成本的节约即精益供应。

2. 环境管理战略

在确定了整体竞争战略的基础上，根据供应链所处的外部环境、社会公众的关注程度与产业内环境保护技术的成熟度，利用战略管理、生命周期评价技术、工业代谢理论与物质平衡流分析等方法确定供应链的环境管理战略，确定环境管理战略的方向，即明确是在供应链内采取积极的环境管理战略、适应性环境管理战略还是规避风险性环境管理策略。战略层协调的基础是合作伙伴的选择，在明确整体竞争战略与环境管理战略的基础上构建供应链网络，需要在考虑环境因素的基础上强调供应链成员价值观、企业经营理论、文化的协同与一致，以期达到成员间的无缝衔接与集成；在考虑节约交易成本、环境管理成本（如产品回收成本与废弃物回收处理等）等多目标的基础上整体优化供应链网络的布局（需要考虑废弃物回收网点的布局问题）。

（二）动机层

动机层协调的主要目标是使得供应链内的成员有足够的动机来实施绿色供应链管理，主要需要解决的问题是激励不足与成员所存在的道德风险等行为。具体包括：

1. 建立供应链成员间协调的环境

即利用市场与拍卖机制及双边、多边谈判机制等，使得成员之间能够对某一个共同的特定问题展开协商与谈判，为成员之间的有效协商提供环境。

2. 激励与监督机制

利用博弈论的理论与方法、契约理论及交易成本理论与方法等构建与选择合适的契约规范成员间的合作行为，解决成员间协调的动机问题。这些问题具体包括：确定利益分享原则与机制，确定具有外部性产品的成本分摊方式（如绿色技术与环境管理成本的分摊、信息共享的激励等），成员进行环境管理行为的监督与约束等。

（三）业务层

业务层协调的主要目标是借助业务层的重组与整合，确保供应链成员在业务上的活动实现与环境管理。

业务层协调的主要内容包括：

1. 信息共享平台

利用现代信息交流技术建立供应链内成员间的信息共享平台，实现整个供应链成员活动所需要的信息的分享。对于绿色供应链的运营而言，共享的信息包括客户的需求，尤其强调产品环保需求的信息、生产计划信息、库存信息、营销信息、设计与生产等环节的技术和知识。目前已经有了比较通用成熟的理论和方法实现供应链这一层的协调支持，比如PSTN、LAN、MAN、WAN、EDI、Internet/Intranet/ Extranet 知识地图与知识库等。

2. 业务流程重组

利用生命周期评价、工业代谢、物质流分析、EPA 所提出的 Pareto 表、绿色制造、生态工业学、组织整合理论、流程再造等工具按照环境管理的要求对整个供应链内成员的运营流程进行重组。业务流程重组的基础性工作是按照绿色供应链运营的目标去发现改进的机会，具体内容即美国环保署所提出的成本识别与机会确定；运营流程重组的目标是实现满足环境相容需要的标准的统一、资源的共享和合理调配、ESI（产品研发设计的供应商早期介入）、消除重复流程、消除流程的盲点（不能出现环境管理在整个流程中任何活动环节缺位的现象）、跨边界流程的重新配置（如原材环保性的测评）、增加原有流程不足的环节（如废弃物的回收与处理、再制造、再循环与再利用等）。

3. 业务活动的监督与控制

按照绿色供应链运营的三维目标对整个供应链内的活动及物流、信息流、知识流与资金流进行监督与控制；其核心内容是从环境与商业两个角度对成员绩效及整个供应链的绩效进行测度，发现供应链内改进环境效益与商业绩效的途径，实施改进策略；可能改进的策略主要包括运营流程再重组、供应链成员的再选择与网络的重构等。

随着环境的变化与竞争的需要，企业的环境管理模式从以末端管理控制的事后环境管理模式转变为以循环经济为核心的全过程环境管理模式。绿色供应链管理具有全过程环境管理模式的特征，是全过程环境管理模式在企业中的具体实施。由于绿色供应链涉及多个行为主体、多个环境管理技术、多个运营目标，因此绿色供应链如何有效地协调合作成员与运营目标、集成各种环境管理技术并实现产品链的持续运营是有待深入研究的领域。

（四）成功实施绿色供应链的标准界定

在对成功实施绿色供应链的研究中，研究者将面临双重任务：确定成功实施绿色供应链的关键因素和成功实施绿色供应链的评价标准。实施绿色供应链的成败取决于关键因素，但是要确定成功实施绿色供应链的关键因素，就必须先对成功实施绿色供应链的评价标准进行系统的界定。以下将从企业、行业以及社会这3个层次出发，建立成功实施绿色供应链的评价标准的层次模型

1. 企业层次的评价标准

供应链环节中各企业实现“绿色化”，是成功实施绿色供应链的前提和基础，也是评价标准的核心。企业成功实施绿色供应链的标准是企业在达到满足企业内部经济效益和环境保护双赢的同时，提升企业的管理水平，即从环境、经济和管理3个要素来考虑评价标准。主要包括以下三方面。

第一，要根据国家的法律法规和企业特色，确立符合自身企业实际的科学规划和目标，并分步实施，从经济的角度减少企业改造所要面临的经济风险；并从更加长远的角度使得绿色化为企业的经济效益产生积极、正面的影响。

第二，企业所有员工，特别是企业高层领导要认识到环境保护是社会、经济可持续发展的客观要求，在企业中建立较强环境意识的同时达到或超过国家的环境标准。

第三，将BPR与绿色供应链有机结合，对企业各职能部门按“绿色化”要求进行新的职能确定、划分和重组，适当调整运行机制，建立有效的跨越职能部门的业务流程，提高运行效率，使得企业的管理能力得到进一步提升。

2. 行业层次的评价标准

成功实施绿色供应链评价标准的行业层次，是指绿色供应链要达到满足行业内企业与企业之间经济效益的多赢，以及建立绿色供应链企业生态联盟，最终实现产业链条的整体优化。主要从以下三方面考虑。

第一，从发达国家实施绿色供应链的实践来看，要全面完整地实行“绿色”管理，单单依靠某个企业是不行的，必须建立企业生态联盟。绿色供应

链企业生态联盟是在行业内建立的一种实施“绿色”管理的企业联盟，它不仅是一种信息和利益共享、风险共担的利益集合体，而且也是一种标准和意识同步的标准集合体。在这样的生态联盟中，要求其成员具备先进的环境保护、生态保护和绿色管理意识，以及贯彻和实施这些意识的能力和决心。

第二，以“社会效益”为标准，为生态企业创造联盟的机会，并使其迅速发展，实现社会资源的合理配置，使资源流向社会综合效益高的企业。

第三，在建立企业生态联盟和实现资源合理配置的基础之上，从行业全局出发，在企业战略合作伙伴的选择、市场机制、行业政策，以及行业竞争力等方面达到整个产业链条的整体优化。

3. 社会层次的评价标准

从整个社会的角度评价绿色供应链的成功实施，绿色供应链要达到整个社会经济发展和生态环境保护双赢，以及建立社会主义和谐社会的终极目标。主要包括以下三方面。

第一，对于社会整体来说同样存在经济发展和环境保护的双重任务，成功实施绿色供应链的结果是实现社会的可持续发展；第二，成功实施绿色供应链，从宏观上讲实现了生态环境保护，从微观上看是产品制造绿色化、产品使用绿色化、产品服务绿色化，以及产品废弃绿色化的集成；第三，通过政府正确引导，企业以及消费者积极配合，以科学的发展观统揽工作全局，使坚持以人为本的理念深入人心；使全面、协调、可持续的发展观深入人心；使社会全面进步和人的全面发展的观念深入人心，最终实现建立社会主义和谐社会的终极目标。

六、绿色供应链的协调机制

环境问题是全球商业活动关注的重要问题之一，众多的企业将环境改善活动集成到其战略计划与日常运营中，商业组织正面临着市场与环境绩效之间平衡的压力。研究者从不同角度与学科研究了如何降低制造业对环境的负面影响，越来越多的学者认识到从某一方面来研究环境管理不足以全面解决制造业与环境冲突的矛盾，自20世纪70年代以来，他们开始从供应链的角度研究如何提高制造业对环境的相容性问题，其研究的基本思路是：将环境管理与供应链管理两者的研究集成起来以满足更快、更有柔性、更有效率和更具有社会责任的商业需要。从绿色供应链的运作实践来看，绿色供应链成员间的协调是十分重要的问题。由于绿色供应链具有区别于一般供应链的特点，其协调问题具有特殊性。

（一）绿色供应链协调的特殊性

由于供应链内各行为主体的自利性行为、信息拥有的不对等，成员的活动与决策往往与供应链的总体利益相冲突。因此，有必要建立有效的协调机制。对于一般供应链而言，其成员间的协调机制的建立与维护，其目标是在供应链成员之间建立战略性合作伙伴关系，合理分配利润，共同分担风险，提高信息共享程度，减少库存，从而降低总成本，最终实现系统利润最大化。供应链协调需要解决的核心问题包括两方面。

首先，合作的动机问题。供应链成员的自利性行为要求自身利益最大化。系统最优的结果并不是成员最关心的，若要在成员之间达成合作，即使达到了系统最优的态势，也必然要求将总合作收益进行适当的再分配，而且必须满足一定的公平性条件。同时，要解决由于信息不对称所产生的“逆向选择”与“道德风险”，其重要前提也是合作的动机问题。

其次，合作的成本与所依赖的技术平台。要实现供应链整体优化，在解决了合作动机的基础上，另一个重要的要素是通过建立适当的合作技术平台，如供应链间的信息系统与合同管理体系来降低合作的成本。一般供应链合作行为中所面临的问题在绿色供应链中同样存在。由于绿色供应链相比于一般供应链所面临的问题更广、所要实现的目标更多，因而实现合作时所面临的问题也更多。针对绿色供应链这一特征，要实现其运营的合作，在考虑与一般供应链成员协调所涉及的激励机制、信息共享、信任机制等协调机制的同时，有必要根据绿色供应链运营的本身特征来讨论其相应的协调机制。与一般供应链相比，绿色供应链的协调问题具有一定的特殊性，这些特殊性主要表现为以下三方面。

1. 绿色供应链的协调对象不仅包括供应商与制造商，而且包括消费者等

绿色供应链运作面临着外来因素，包括市场压力（消费者对绿色消费品的需要及产业内核心企业对环境管理的要求）；市场份额，企业为了保持其市场份额有时甚至是为了其生存，在与供应商进行谈判时强调环境因素。绿色供应链对企业而言可以创造新的市场机会，同时可以加强顾客的忠诚度；风险管理的需要，为了避免因为规制等因素所导致的供应中断的风险、因污染或废弃物产生的环境风险，以及因市场竞争要素变化而失去竞争优势的风险等，这些因素的存在使得绿色供应链的协调对象不仅包括传统意义上的供应商与制造商，同时也包括消费者甚至关注环境保护的社会公众与团体。为了实现与环境相容，要求包括消费者在内的各行为主体均能采取与环境相容的活动，消费者对于绿色供应链的有效运行具有十分重要的意义。只有绿色产品为消费者所消费，供应商及制造商才可能实现其产品的市场价值，也是保证其供应商与制造商获取不低于市场平均收益的利润率的前提；消费者与供应商、制造商及回收商等的合作是实现资源有效回收的关键；消费者的合理消费是降低整个供应链对环境的负面影响的重要环节。因此，从上述来看，消费者是否与供应商、制造商及回收商等的合作是绿色供应链有效运营的基础性条件之一。

2. 绿色供应链运营目标的多元性

一般供应链合作的目标更多是强调如何建立协调机制来实现整个供应链的利润水平，利润的最大化始终是其研究的出发点。与一般供应链有所不同的是绿色供应链的运营目标具有多元性，绿色供应链运营的目标是实现资源的最优配置、活动与环境相容以及增进社会福利，这三个目标要求在整个供应链中遵循与环境相容的思想。因而从这一点来看，绿色供应链的运营可以看作是一个团队的活动，也存在搭便车的可能，具体表现为：在供应链内只有部分主体选择与环境相容的活动，从其生产工艺、生产的技术、投入的资源等与环境是否相容来决策，而另外的部分主体其活动的决策不考虑与环境相容的问题。绿色供应链运营中其主体之间合作的形成不仅要求整个绿色供应链的利润水平达到传统供应链管理所能达到的平均利润水平，而且要保证绿色供应链内剩余分配的公平，这样才能保证供应链内的主体存在与其他主体进行合作的动机。不同的研究者从不同的角度对促进行为主体的合作行为进行研究，但从其研究成果来看，利益始终是各研究者研究的基本出发点。

3. 绿色供应链的合作关系的建立存在较多的障碍

绿色供应链运作中成员间合作关系的形成面临着较多的障碍：成本，由于采取更有效的环境措施使得成本上升；环境意识缺乏、不明确的环境标准及供应链内成员间烦琐的报告要求而导致沟通的冲突；企业具有竞争优势的技术及商业机密存在曝光的危险；由于对技术创新缺乏保护及供应链内成员间知识与技术水平的不一致而产生的技术与知识障碍；由于供应商数量的减少和组织文化的一致性而使供应链的柔性降低；绿色供应链运作中所存在着外部性、信息不对称以及个体理性与集体理性之间的矛盾等；外部性的存在使得具有正外溢性的产品的提供及抑制负外溢性的产品存在障碍，而从绿色供应链的运营目标来看，正外部性的产品的提供及有效控制负外部性产品是实现绿色供应链运营目标中的与环境相容目标的必要条件；信息不对称的程度比一般供应链成员间的信息不对称程度更明显，这一点在绿色供应链内的生产系统与消费者之间的信息拥有量上表现得尤为明显。消费者由于知识、时间及成本等因素的约束，不可能对其所消费的产品提供者信息进行了解与识别，正如前面的分析所提出的一样，生产系统与消费者之间信息的不对称会出现“柠檬市场”及“内部性”，显然这一点对整个供应链的运营是十分不利的；由于供应链的竞争是处于整个市场中的竞争，这样就会出现个体理性与集体理性之间的矛盾，即一部分供应链采取了与环境相容的制造商工艺与材料等，但其他供应链从利润最大化的目标出发，不采取与环境相容的活动，因而在建立绿色供应链的合作关系时有必要考虑其他供应链的因素。

（二）绿色供应链协调机制的层次与流程

正是由于绿色供应链具有区别于一般供应链运作的异质性特征，众多的研究者就如何在绿色供应链成员间达成协调关系展开了多角度的研究。Ken Green 指出，组织与组织之间的合作关系及合作方式是推动、激励与强迫各企业实现其活动与环境相容的关键性因素；Jaramy Hall 基于案例研究指出，居于整个供应商的行业领导者在供应链渠道中占有主导力量则有利于绿色供应链的运作；Steve Lippman 提出有效地实施环境意识供应链的关键性因素：包括最高领导层的参与、多功能团队的集成、有效的交流与沟通、合作创新等；他认为有两类方式来激励供应链内成员采取绿色供应链管理策略：一是与供应商进行环境方面的合作来加快开发更具环境友好的产品，另外一类是要求其供应商执行环境标准，如 ISO 14000。在绿色供应链中的供应商评价、精益供应链及在供应链内建立合作战略等都有利于改进整个链的活动与环境相容的程度。绿色供应链的协调机制与流程如图 2－9 所示。

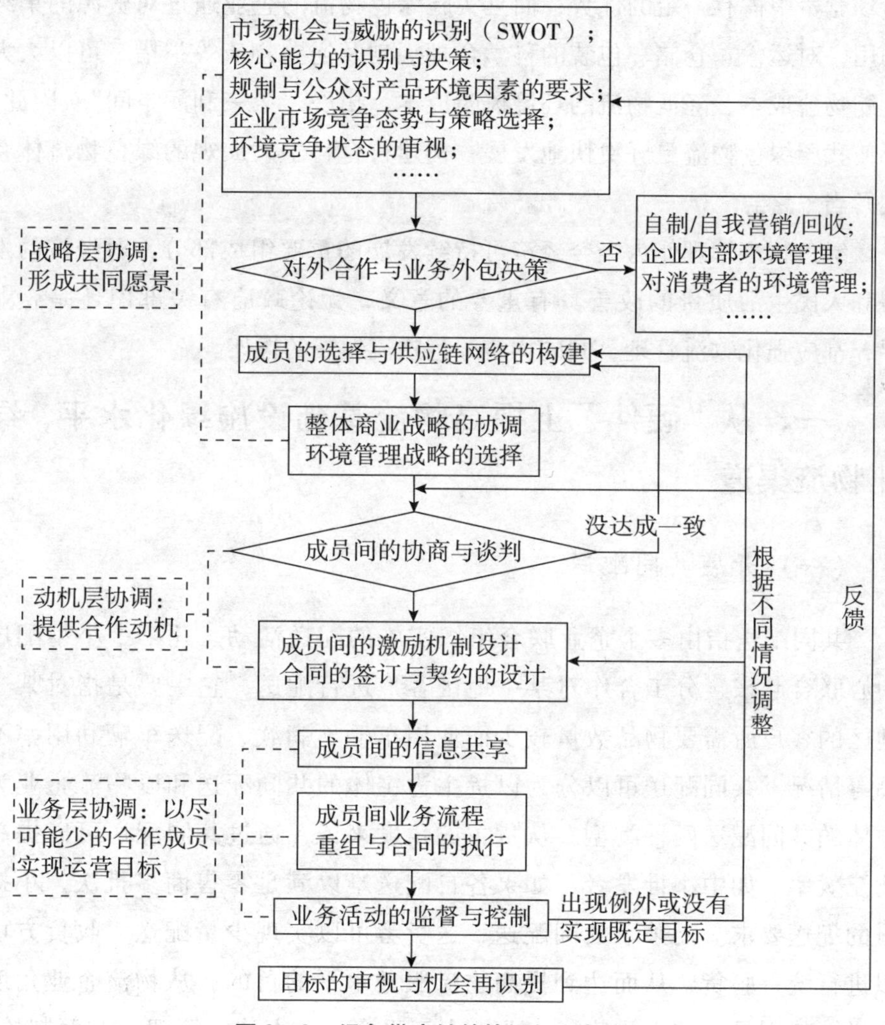

图 2－9　绿色供应链的协调机制与流程

第六节　泛北京地区绿色物流体系构建对策

尽管我国物流业的发展如火如荼，但绿色物流尚在起步。大力发展绿色物流不仅是绿色环保理念的充分体现，而且确实能给企业带来良好的声誉和现实价值，提高企业的竞争力。它不仅将企业推向可持续发展的前沿，有助于物流企业树立良好的企业形象和赢取公众信任，从而在激烈的市场竞争中占有一定的优势；而且实施绿色物流的企业通过对资源的集约利用，对运输、仓储、包装的科学合理规划及逆向物流等举措，可以大大压缩物流成本、降低物流的环境风险成本，拓展“第三利润空间”。因此，要使我国绿色物流更好更快地发展，构建符合科学发展观的绿色物流体系实乃当务之急。

绿色物流管理作为当今经济可持续发展的重要组成部分，对经济的发展和人民生活质量的改善具有重要的意义，无论政府有关部门还是企业界，都应强化物流管理，共同构筑绿色物流发展的框架。

一、从“硬件”上提高物流基础设施绿化水平，绿化物流渠道

（一）开展共同配送

共同配送指由多个企业联合组织实施的配送活动。几个中小型配送中心联合起来，分工合作对某一地区客户进行配送，它主要是指对某一地区的客户所需要物品数量较少而使用车辆不满载、配送车辆利用率不高等情况。共同配送可以分为以货主为主体的共同配送和以物流企业为主体的共同配送两种类型。从货主的角度来说，通过共同配送可以提高物流效率。如中小批发者，如果各自配送难以满足零售商多批次、小批量的配送要求。而采取共同配送，送货者可以实现少量配送，收货方可以进行统一验货，从而达到提高物流服务水平的目的；从物流企业角度来说，特别是一些中小物流企业，由于受资金、人才、管理等方面制约，

运量少、效率低、使用车辆多、独自承揽业务，在物流合理化及效率上受限制。如果彼此合作，采用共同配送，则筹集资金、大宗货物，通过信息网络提高车辆使用率等问题均可得到较好的解决。因此，共同配送可以最大限度地提高人员、物资、资金、时间等资源的利用效率，取得最大化的经济效益。同时，可以去除多余的交错运输，并取得缓解交通，保护环境等社会效益。

（二）采取联合运输方式

联合运输是指吸取铁路、汽车、船舶、飞机等基本运输方式的长处，把它们有机地结合起来，实行多环节、多区段、多运输工具相互衔接进行商品运输的一种方式。这种运输方式以集装箱作为连结各种工具的通用媒介，起到促进复合直达运输的作用。为此，要求装载工具及包装尺寸都要做到标准化。由于全程采用集装箱等包装形式，可以减少包装支出，降低运输过程中的货损、货差。联合运输方式的优势还表现在：它克服了单个运输方式固有的缺陷，从而在整体上保证了运输过程的最优化和效率化；另外，从物流渠道看，它有效地解决了由于地理、气候、基础设施建设等各种市场环境差异造成的商品在产销空间、时间上的分离，促进了产销之间紧密结合以及企业生产经营的有效运转。

（三）大力发展第三方物流

第三方物流是由供方与需方以外的物流企业提供物流服务的业务方式。发展第三方物流，由这些专门从事物流业务的企业为供方或需方提供物流服务，可以从更高的角度、更广泛地考虑物流合理化问题，简化配送环节，进行合理运输，有利于在更广泛的范围内对物流资源进行合理利用和配置，可以避免自有物流带来的资金占用、运输效率低、配送环节烦琐、企业负担加重、城市污染加剧等问题。当一些大城市的车辆配送大为饱和时，专业物流企业的出现使得在大城市的运输车量减少，从而缓解了物流对城市环境污染的压力。除此之外，企业对各种运输工具还应采用节约资源，减少污染和环境的原料作动力，如使用液化气、太阳能作为城市运输工具的动力；或响应政府的号召，加快运输工具的更新换代。

（四）合理规划物流网点布局，建设以北京城市为中心的现代化物流中心

物流中心是综合性、地域性、大批量的物资位移集中地，它集商流、物流、信息流和资金流为一体，成为产销企业的中介，是整个物流企业的灵魂所在。为此针对我国现代化的物流中心建设迟缓的情况，应充分利用城市物流设施和基础建设齐全、消费集中而且需求量大、交通与信息发达的特点，建立现代化物流中心，然后带动周边地区、中小城市和农村的繁荣发展，从而形成一个有机的物流体系。这样，物流中心就充分利用了资源，形成较高的经济效益。

（五）引进先进的设备，提高机械化、自动化水平

先进的设备能够有效地代替简单重复的手工作业以节约人力资本，提高效率。积极引进现金的技术设备，保证物流中心能够在高度自动化的水平下运营，是提高运作效率，降低成本的有效手段。很多企业属于资产型，在其固定资产已经很高的情况下，可以考虑积极改进设备，提高机械化水平和自动化水平，使绿色物流在更广泛的领域获得发展。

（六）利用先进技术，加强信息化建设，建设绿色物流发展的网络平台

信息技术是对绿色物流强有力的基础设施支撑。尤其是物联网的发展，使得信息网络的发展有了突飞猛进的进展，绿色物流信息的采集、传递、整理和分析能力也得到了相应的提高。可以说，信息化的进步成为绿色物流发展的必要条件。企业在信息化建设的过程中，考虑到信息化的成本较高，往往向采用相对简单的办法解决信息互通问题，但是我们应该看到的是，随着经济的发展，信息平台已经成为企业发展的标准配置，没有一个良好的信息平台，就无法与竞争对手相抗衡。

二、从“软件”上优化管理体制，加强环境教育与人才培养

（一）克服物流管理体制上的障碍，加强政府的管理功能

针对我国现代物流的运作跨越不同的行业和地区，管理属于不同的部门而缺乏统一领导的情况，首先应建立必要的泛北京地区政府部门协调机制，用制度来统一管理活动，这一机制可以是一个统一管理绿色物流的机构，该机构所拥有的权限为协调和统一泛北京地区绿色物流相关标准、制度、发现泛北京地区绿色物流体系运营中存在的问题并提出解决方案。其次可以在当前政府机构改革中明确设立绿色物流管理部门，全面规划当地物流的发展，并与泛北京地区绿色物流体系的相关规定保持一致。政府的管理由于有明确的条块划分，因此在泛北京地区绿色物流体系的贯彻过程中，很可能会出现标准不一，衔接欠缺的问题，只有一个统一的管理机构才能够有效地对整个地区的绿色物流管理做出相应的规范，并指导整个地区绿色物流的发展。

（二）完善政府规制型的绿色物流政策

我国自 20 世纪 90 年代后半期以来开始不断强化对污染发生源的控制。北京市为治理大气污染发布了两阶段治理目标，不仅对新生产销售的车辆制定了严格的排污标准，而且对汽车尾气进行治理。同时，政府还将充分发挥经济杠杆的作用，根据机动车的排污量来收取排污费，经过治理的车辆，污染物排放量会大大降低，交纳的排污费也会相应减少很多。目前北京市主要采取尾号限行的措施，减少每天上路运行汽车的数量，同时，通过机动车摇号系统的应用减少新增车辆的数量，以此控制汽车排放，减少环境污染。但是，我们也应看到，要改善北京地区的环境，仅仅针对北京进行治理是远远不够的，整个泛北京地区都要按照相关要求执行统一的政策，才能在一个较大的范围之内实现环境的改善，这也是解决北京地区环境污染的一个重要方面。

（三）加强环境教育，提高消费者的环境保护意识

绿色物流是可持续发展的物流，需要广大消费者的积极参与。因此，开展消费者绿色教育尤为重要，要使消费者了解环境问题的严重性和有关绿色法规，了解实施绿色物流的优点。从消费者的角度积极倡导绿色消费，通过绿色消费方式倡导企业实施绿色物流管理，通过绿色消费舆论要求政府实行绿色物流管理。

从经济学的角度讲，消费者都是经济人，也就是说，消费者都希望买到物美价廉的商品，但是绿色产品往往都有着较高的价格，原因在于“绿色化”带来的高成本带动了产品价格上涨，在低价格和“绿色”之间的权衡，消费者往往选择低价格而舍弃绿色。因此，要培养消费者的绿色消费意识，首先要从商品本身的价格入手，而绿色产品成本高的问题又是现实存在的，客观上就需要政府针对绿色商品进行补贴。从国外的经验看，绿色补贴只是一个过渡阶段的手段，通过提供补贴，让更多的企业乐于进行绿色转变，且随着生产规模的提高，原本高昂的生产会由于规模经济而逐步降低，消费者也会逐渐适应“绿色”产品，非环保类的产品就会慢慢淡出市场。应该看到，这是一个长期的过程，需要几年甚至十几年的时间才能让绿色产品在市场上成为主流。

（四）培养绿色物流发展的企业人才

绿色物流的理论研究归根结底要落实到企业的生产经营上，对于企业来讲，需要更多的懂经营、善运作的绿色物流人才来保证绿色物流政策的落实，加强可应用绿色物流的理论研究，使企业管理人员和业务人员成为既具有物流与管理知识，又有良好的环境保护知识的复合型人才，这也是绿色物流发展的当务之急。对于绿色物流人才的培养，可以从多个角度多个层次来进行，考虑到企业工作人员的特点，可以采取企业培训与学历教育相结合的方式，一方面企业进行绿色物流的培训，培养自己的专门人才；另一方面可以鼓励企业管理人员进行学历进修，参加大专院校的相关课程，借此提高绿色物流意识和绿色物流管理水平。

三、泛北京地区绿色物流体系建设的配套保障措施

泛北京地区绿色物流体系既包括北京主干绿色物流体系网络，也包括天津、河北、山西等地的辅助绿色物流体系网络，由于受到行政区划的限制，北京地区的绿色物流政策措施很难在其他地区得以推行，要保证泛北京地区绿色物流体系的建设正常进行，需要从以下几个方面入手。

（一）构建泛北京地区绿色物流制度体系

制度是要求大家共同遵守的办事规程或行动准则，绿色物流制度体系包括宏观和微观两个层次。宏观制度体系主要是指规范泛北京地区绿色物流体系发展的相关政策和措施，而微观层次则规范企业具体的绿色物流活动和行为。受行政区划的限制，在北京地区推行良好的制度在其他周边地区可能无法推行，因此，有必要建立泛北京地区绿色物流制度保障体系，从北京市及其他周边城市抽调人员，组建协调管理办公室，保证相关的制度能够在区域内所有的地区有效的施行，同时针对制度中与实际情况不符的部分进行灵活的修正，保证绿色物流体系相关管理制度的有效性。

（二）构建泛北京地区绿色物流投融资体系

谈到绿色物流体系，人们自然想到了对环境的改善和资源的节约，同时也想到了成本的提高。现实的情况是，绿色物流由于发展时日尚短，很多技术还处在保护阶段，这自然导致了企业绿色物流成本的提高。在资金有限的前提下，绿色物流体系的投融资体系建设就显得尤为重要了。任何一个企业都很难依赖自有资金独立发展，尤其是针对绿色物流体系的技术改造，耗资巨大，需要一个相当长的周期才能收回成本，因此，需要大量社会资金的参与，银行、投资基金、股市等都是获取资金的来源。社会资金的天然属性就是要求利润回报，而绿色物流体系所能提供的利润回报较少，更多的是社会福利回报，因此，更重要的是政府财政拨款的支持。

（三）构建泛北京地区绿色物流人才保障体系

近年来，随着我国物流产业的不断发展和升级，对物流人才的需求数量也不断增加。很多高校都设置了物流管理专业，培养物流专才。绿色物流作为新兴的物流发展方向，越来越被产业发展所重视，但是绿色物流人才的培养却相对滞后，目前，高校开设的专业课程仅限于一般物流专业课，对于绿色物流、低碳物流等还没有涉及。企业针对绿色物流人才的培养也仅局限于原有人员的专向培训，系统性差，缺乏专业性，这直接导致了绿色物流体系建设中的一系列问题，企业人员不能充分认识到绿色物流体系对于企业社会责任、企业形象的重大作用，在现实的操作中忽视“绿化”问题，盲目降低成本等。因此，构建泛北京地区绿色物流人才保障体系至关重要，也是目前亟待解决的重大问题。

在发展绿色物流的过程中，“硬件”和“软件”的发展与完善，两者之间的相互配合，可以使发展绿色物流的主体——企业，顺应时代潮流，在物流活动的各个过程中发展绿色物流，树立企业的绿色形象。

第三章　泛北京地区绿色物流体系建立的经济性分析

物流是经济社会大系统中的一个重要子系统，它与经济社会发展的关系极为密切，城市的经济活动都是以物流为依托的。在当前环境问题日趋严重的形势下，物流业作为一种与人类生产、生活密切相关的行业，符合可持续发展的要求和人类生存发展的意义，本章分析绿色物流体系对企业及社会产生的人文效益、社会效益和企业效益。

第一节　人文效益

发展绿色物流有利于满足人民群众日益增长的物质和文化生活需要。这是因为人民群众生活富裕了，文化精神生活丰富多彩了，我们的社会就有了稳定的物质和文化基础。绿色物流伴随着人民生活需求的进一步提高，尤其是绿色消费的提出应运而生的，如果没有绿色无污染物流的维系，绿色消费就难以进行。绿色物流与绿色生产和绿色消费之间是相互渗透、相互作用的。绿色生产是实现绿色物流和绿色消费的前提，绿色物流可以通过流通对生产的反作用来促进绿色生产，通过绿色物流管理来满足和促进绿色消费。物流作为生产和消费的中介，实现了消费者在最小购物成本和购物时间的基础上满足多样化和多层次的物质需求，但是物流活动涉及的一系列环节，如运输、加工、包装和储存等由于处理不当会给环境造成某种程度的破坏，从而影响国民的生活质量。一般来说，国民生活水平的提高主要体现在一国人均 GDP 的增长上。GDP（国内生产总值）、GNP（国民生产总值）是衡量民富、国富的标准。可近年来国际学术界的多项研究表明，二者之间的关系非常复杂，绝不是简单的“正相关”关系。研究证明，人的幸福受到基因、文化、教育、环保、人权保障、工作和生活方式等多方面的影响。三十年前由不丹国王提出的“国民幸福指数”，包括政府善治、经济增长、文化发展和环境保护四个方面受到世界上许多国家的验证和推崇。现在国民幸福指数（Gross National Happiness，GNH）正成为国际上衡量一国国民生活幸福程度高低、生活质量高低的指标。受此国际思潮的影响，我国国家统计局正在制定国民幸福指数、人的全面发展指数、社会进步指数等统计指标。

由此可见，一国国民生活质量的高低并非由GDP或人均GDP来衡量，环境保护成了国民幸福指数的内容之一。我国的国民经济从改革开放至今，在经济增速上居世界前列，人均GDP从不足1千美元到超过1千美元，有些省、市达到几千美元甚至超过1万美元，但2012年美国有调查结果显示，我国国民的幸福指数在全世界排名第48位。数据表明，即使经济持续快速增长也并不能保证国民幸福的持续增加。因此，以节约资源、保护环境为目标的绿色物流将有利于绿色GDP的推广和实施，有利于国民幸福指数、生活质量的提高。

第二节　社会效益

绿色物流不仅对环境保护和社会经济的可持续发展具有重要的意义，也会给企业发展带来巨大的经济效益。实践证明，绿色物流是有价值的，而且其价值不仅体现在理论上，更加体现在其对企业、对社会的具体的经济价值上。绿色物流的发展基于节约资源、保护环境这一理念。因此，发展绿色物流是有利于社会经济可持续发展的战略措施。

一、对生态保护的价值

随着人类社会的不断进步与发展，人类对生态环境的破坏也日趋严重。长期以来，人类一方面掠夺式地对自然资源进行无度开采与利用，另一方面又不断将各种污染与垃圾加之于自然空间。结果在人类进入21世纪时，面临着严重的生态问题，人类的生存也受到威胁。一系列问题要求人类必须采取措施，改善环境。物流活动与人们的生产、生活密不可分，在人类生活中扮演着重要的角色，因此解决物流中的环境问题，对生态保护有着不可忽视的作用。绿色物流正是站在长远与整体的高度发展起来的协调物流与生态关系的重要模式。

目前，我国的经济社会发展面临着环境污染等社会问题。一是我国的城市大气环境污染相当严重，据 73 个城市的调查，超过限额的城市已经占 70% 左右；二是我国水资源匮乏及水污染问题日趋严重，全国有 300 多个城市缺水，每年因供水不足影响工业产值 1200 亿元以上；三是我国城市道路噪声 14 年来居高不下，全国有 47% 的城市区域受到噪声的污染；四是垃圾污染以成为当今社会的重要问题。据有关部门统计，我国城市每年的生活垃圾产量在 1 亿吨以上。环境污染问题非常严重并以引起政府和全社会的关注和重视，企业作为环境污染的主要制造者，必须在环保方面承担起社会责任。地球是人类的大家园，需要每个人，每个组织共同保护。目前我国政府对严重的环境污染非常重视，中国物流企业作为社会经济发展的一分子，应主动减少污染环境，实行绿色物流。绿色物流是建立在维护地球环境和可持续发展的基础之上的，它强调在物流活动全过程采取与环境和谐相处的理念和措施，减少物流活动对环境的危害，避免资源浪费，因此有利于环境保护和社会经济的可持续发展。

二、对可持续发展的价值

所谓可持续发展是指既可满足当代人的需要，又不损害后代人满足其需要的能力的发展模式。在物流的实施环节中不可避免地会消耗能源和物资，并对环境产生压力。绿色物流作为一种可持续的生产、消费模式，正是依据可持续发展理论，形成了物流与环境之间的相辅相成的互动关系，实现了物流与环境的共生，进而促进了现代物流的跨越式发展。

随着物流产业的快速发展，人们发现物流活动的频繁化以及物流管理的变革，会增加燃油消耗，加重空气污染和废弃物污染，浪费资源，引起城市交通堵塞等，对社会经济的可持续发展产生消极影响。物流对环境的影响存在于物流活动的各个环节。首先，运输是物流活动中最主要、最基本的活动，其中运输中车辆的燃油消耗、燃油污染以及噪声污染和光污染，是物流作业造成环境污染的主要原因；其次，包装材料对环境也会造成破坏，如“白色污染”就是由于在商品流动过程中采用不可降解的塑料制品而形成的；再次，流动加工中由于流通加工中心过于分散，不能有效地对加工产生的废物等进行集中处理也会对环境造成危害；最后，由于人类对环境污染的关注达到了前所未有的程度，《京都议定书》的正式生效表明了人类处理环境污染的决心，我们必须提早拿出对策，绿色物流是解决以上问题的钥匙。而且，推行绿色物流有助于我国同世界各国实现贸易的良性发展，避免因违反非关税的绿色壁垒而对我国出口商品造成影响，保证我国经济持续、快速、健康发展。因此，绿色物流是物流业的发展趋势。

可持续发展战略已成为世界发展的主题，它特别强调环境资源的长期承载能力对发展的重要性以及发展对改善生活质量的重要性。可持续发展战略是指社会经济发展必须同自然环境及社会环境相联系，使经济建设与资源、环境相协调，以保证社会实现良性循环。这一发展战略的实施关系着各国经济的可持续性和长远发展，具有十分重要的意义。作为经济生活的一重要部分，绿色物流也是可持续发展的一个重要环节，它与绿色制造、绿色消费共同构成了节约资源、保护环境的绿色循环经济。绿色物流可以通过流通对生产的反作用来促进绿色制造，通过绿色物流管理来满足和促进绿色消费，最终实现社会资源的高效配置和利用，保护环境资源，实现可持续发展。发展绿色物流是可持续性发展的需要，绿色物流与绿色制造共同构成了一个节约资源、保护环境的绿色经济循环系统，两者之间是相互渗透、相互作用的。

绿色物流对自然资源与生态环境的可持续发展、经济的可持续发展和社会的可持续发展起到了支撑和促进的作用，是人类走上可持续发展道路的必要保证。

第三节　企业效益

从长远的发展角度看，企业采用绿色物流模式已是大势所趋。但长期以来，企业存在着一种错误的观点，认为解决环境问题会增加企业的经营成本，增加企业负担，影响企业实现利润最大化。事实上，解决环境问题与企业自身的发展之间并不存在本质矛盾，在适当的条件下，二者会产生相互促进的作用。在绿色物流模式下，企业的“绿色”投入将会从多方面得到回报。

一、绿色物流对企业的社会价值

（一）树立良好的企业形象，提高企业声誉度

实施绿色物流管理将对环境的改善产生巨大的促进作用，使企业走上可持续发展的道路。一方面，随着可持续发展和环保观念深入人心，绿色消费已成为一种消费理念，消费者对企业的接受和认可不再仅仅关注其是否能够提供质优价廉的产品和服务，而是越来越关注企业是否具有社会责任感，即企业是否节约利用资源、企业是否对废旧产品的原料进行回收，企业是否注意保护环境等。实施绿色物流可以将企业推向可持续发展的前沿，给企业带来社会价值的同时，帮助企业树立良好的形象，使企业在激烈的市场竞争中处于优势地位。绿色物流理念成为企业差异化竞争的有力手段。

另一方面，绿色物流不仅是实现物流共同化（解决物流领域外部的不经济现象，如交通堵塞、噪声、气味污染等）的主要手段，而且是物流企业降低物流成本，实现企业经济效益和社会效益的有效途径。物流企业通过绿色运输、绿色储存、绿色包装、绿色加工及共同配送等一系列优化物流资源配置的运作模式，在节约成本的基础上提高企业的经营效益和物流效率，在构建“大物流”的过程中更好地整合社会各方面的资源，减少物流总支出、降低运营成本，避免资源的浪费和对环境的不良影响，为物流

企业的发展提供新的增长点，为利润创造更大的空间，增强企业竞争优势。

绿色物流可以提高企业品牌价值，随着可持续发展观念不断深入人心，消费者对企业的接受与认可不再仅仅取决于其是否能够提供质优价廉的产品与服务，而是越来越关注企业是否具有社会责任感，如企业是否节约利用资源、是否对废旧产品的原料进行回收、是否注重环境保护等，这些都成为决定企业形象与声誉的重要因素。绿色物流从产品的开发设计，整个生产流程，到其最终消费都纳入了对这些因素的考虑，其构建不但可以降低旧产品及原料回收的成本，而且有利于提高企业声誉，增加品牌价值和寿命，延长产品生命周期，从而间接地增强企业的竞争力。

（二）绿色物流对企业有经济价值，提供更多的经济机遇

发展绿色物流，有利于物流企业降低成本，拓展其利润空间。关于物流成本，日本物流成本计算的权威西泽修先生曾提出了“物流成本冰山说”，即人们对物流费用的总体内容并不掌握，大家只看见露出海面的冰山的一角，却看不见潜藏在海水里的整个冰山，这部分隐藏的冰山才是物流费用的主体部分。物流企业在发展建设中都要投入大量的成本，而其中很大一部分成本都可以通过发展绿色物流得到降低。比如，企业采用环保型的运输工具，不仅对环境有利，也节约了企业投入到运输工具所需能源中的成本；使用具有“少耗材、可再用、可回收、可再循环”性质的绿色包装，通过回收处理进行循环使用，可以节约包装成本。

ISO 14000 是国际标准化组织环境管理委员会制定的国际环境管理系列标准。我国 1998 年导入 ISO 14000 环境管理标准认证制度，物流企业经营者应创造条件积极申请 ISO 14000 环境系列标准认证，用国际标准来规范自身的物流行为，塑造绿色物流形象。这将为企业的发展提供更多的机遇和空间，同时增强其在国际市场的竞争能力。

（三）绿色物流是企业降低成本的重要途径

根据资料统计，目前我国商品周转率只有发达国家的 30%，每平方米

库存的商品量只及发达国家的25%，配送差错率为发达国家的3倍，每年因包装造成的损失约150亿元，因装卸、运输造成的损失约500亿元，因保管不善造成的损失在30亿元左右，仓库过剩量达到40%，公路货运因缺乏合理的物流组织，空驶率多年来保持在50%左右。可见，中国物流的传统运作模式弊端重重，尤其是物流成本。一般认为，产品从投产到销出，制造加工时间仅占10%，而几乎90%的时间为仓储、运输、装卸、分装、流通加工、信息处理等物流过程，因此物流成本在产品的整个系统中占据了较大的比例，发挥物流的作用能为企业带来更多的赢利空间，物流专业化无疑为降低成本奠定了基础。而绿色物流强调的是低投入、大物流的运作方式，企业通过对对运输和仓储的科学规划和合理布局，对资源的节约回收和重复利用，由此带来的节能、高效、少污染，将大大降低生产成本（比如原料成本）和物流成本（比如环境风险成本），拓展利润空间。

二、绿色物流有利于企业谋求新的竞争优势

日趋完善和严厉的环保法规，要求企业必须积极解决经济活动造成的环境问题，自觉放弃危及企业长久生存和发展的生产方式。哈佛大学Nazli Choucri 教授深刻阐述了对这一问题的认识："如果一个企业想要在竞争激烈的全球市场中有效发展，它就不能忽视日益明显的环境信号，继续像过去那样经营……对各个企业来说，接受这一责任并不意味着经济上的损失，因为符合并超过政府和环境组织对某一工业的要求，能使企业减少物料和操作成本，从而增强其竞争力。实际上，良好的环境行为恰似企业发展的马达而不是障碍。"绿色物流的核心思想正在于实现企业物流活动与社会和生态效益的协调，以此形成高于竞争对手的相对竞争优势，进而实现企业的可持续发展。

三、绿色物流有利于企业破除绿色贸易壁垒

贸易壁垒是一个国家为了限制进口采取的关税和非关税壁垒措施。但随着经济全球化的发展，这些传统的关税和非关税贸易壁垒逐渐淡化，绿色壁垒悄然兴起。据统计，近年来我国每年约有400多亿美元的出口产品

受到诸多国际环境保护条约广泛限制而不能出口。因此中国企业若想将产品打入国际市场，冲出绿色壁垒的限制，就必须具有绿色物流的基础支持。尤其是我国加入 WTO 后，外国物流企业将越来越多地进入我国市场，必将与国内物流企业产生激烈的竞争，这将使本就处于劣势的中国物流举步维艰。

随着环境危机日益加剧，许多国际组织和国家相继制定出台了许多与资源、环境保护相关的协议或法律体系。例如《21 世纪议程》《京都协议书》《约翰内斯堡可持续发展承诺》《英国低碳转型计划》等重要文件。以此为契机，各国绿色壁垒也层出不穷，涉及面越来越广，而且“绿色壁垒”，是一个动态发展的过程，其标准不断提高。现在绿色壁垒已经从对其最终产品的限制发展到了对其生产过程和工艺的规定。可以预见在全球环境规制趋严的背景下，未来我们可能遇到更复杂、更多国家的“绿色壁垒”而且这一壁垒终究会覆盖到整个企业的物流及供应链管理的全过程，日益严峻的环境问题和日趋严格的环保法规，使企业为了持续发展，必须积极解决经济活动中的环境问题，改变危机及企业生存和发展的生产方式，建立并完善绿色物流体系，通过绿色物流来追求高于竞争对手的相对竞争优势，所以创建绿色物流，提倡高效节能、绿色环保，不仅是必要的，也是迫切的。我国企业应加快发展绿色物流，以取得新的竞争优势和应对未来挑战。

第四章　泛北京地区绿色物流体系推进过程中存在的问题

物流的发展与社会经济的发展和科学技术的发展水平密切相关。传统的物流概念重视商品的供应过程，物流研究更多的是强调物流成本、提高服务质量和加强物流管理的角度去考虑现实生活中的物流活动。物流活动对环境造成的负面影响随着经济的快速发展而加剧，从而对社会经济的可持续发展产生消极的影响。因此，基于可持续发展的需要，从环境的角度对物流体系进行改进，形成绿色物流管理系统，是新的物流管理趋势。在探讨泛北京地区绿色物流体系推进过程中存在的问题之前，先发现我国物流业发展存在的根本问题，在此基础上，深刻剖析绿色物流体系推进过程中存在的问题，为提出相应的方案措施做准备。

第一节　我国物流业发展存在的问题

我国物流业的发展，取得瞩目的成就，在 2008 年金融危机的严峻考验下仍然保持了较快增长。但许多影响物流业发展的深层次问题依然存在。主要是物流发展的宏观物流费用偏高，社会物流需求不足；“小、散、差、弱”的物流服务主体制约着经营服务专业化，导致专业化物流供应不足；相关要素发展不平衡影响着物流服务运作集约化和一体化；政策环境仍然存在影响物流发展的制度性障碍。

一、物流发展的宏观物流费用偏高，社会物流需求不足

社会物流费用偏高是制约物流业效率快速提升的最大制约因素。我国

物流总费用占 GDP 的比例一直在 18% 左右，比发达国家高出一倍左右。虽然近几年物流费用占比有所下降，但物流费用的增长速度每年仍然以高于 GDP 增速的水平增加，距离理想水平还有很大距离。

物流业是生产性服务业，需要以社会化的需求为基础，社会物流需求不足是我国物流发展的根本问题。我国物流需求系数在 2 至 3 之间，增长缓慢，如图 4－1 所示。我国“大而全”、“小而全”的模式制约了物流需求的社会化。以 2009 年为例，我国工业品物流总额达到 90 万亿元左右，占社会物流总额的 87% 左右。但目前我国制造企业物流社会化的程度偏低，很多企业“大而全”、“小而全”的运作模式导致企业自备的物流设施与设备利用效率偏低。大部分工商企业尤其是大型国有企业的物流活动主要依靠企业内部物流，所以以自我服务为主的物流模式抑制了企业对专业化、社会化物流的需求，导致社会物流需求不足。在物流业振兴的新形势下，提高物流企业的集约化服务能力以及促进物流业与制造业的联动发展，是我国物流业发展的首要问题。

图 4－1　“十一五”规划期间物流需求与物流费用对比图

二、“小、散、差、弱”的物流服务主体制约着经营服务专业化，导致专业化物流供应不足

与制造业物流外包不足的同时，物流行业专业化物流供给能力不足和社会化物流需求不足共存。近年来，虽然我国物流企业发展速度很快，但是我国物流业仍然处于粗放型的经营阶段，总体特征是“小、散、差、

弱”。以2009年为例，我国前50强物流企业主营业务收入仅占全国物流相关行业总收入的14%。2004年《物流企业分类与评价指标出台》，将物流企业分为从“A”到“AAAAA”五级。按照该标准的要求（见表4－1），在2010年召开的《2010年中国物流发展报告会暨A级物流企业授牌大会》授牌A级物流企业总计237家，其中5A级企业11家；4A级企业60家；3A级企业123家；2A级企业42家；1A企业1家。这与我国上万家物流企业相比，占比是相当少的。

表4－1　物流企业综合评价指标

<table>
<tr><th colspan="2">级别
指标评价</th><th>AAAAA级</th><th>AAAA级</th><th>AAA级</th><th>AA级</th><th>A级</th></tr>
<tr><td rowspan="3">经营状况</td><td>年总营业收入（元）</td><td>10亿以上</td><td>2亿以上</td><td>4000万以上</td><td>800万以上</td><td>300万以上</td></tr>
<tr><td>年一体化物流业务收入（元）</td><td>2亿以上</td><td>6000万以上</td><td>1600万以上</td><td>400万以上</td><td>150万以上</td></tr>
<tr><td>企业开业时间</td><td>3年以上</td><td colspan="2">2年以上</td><td colspan="2">1年以上</td></tr>
<tr><td rowspan="2">资产</td><td>企业资产总额（元）</td><td>5亿以上</td><td>1亿以上</td><td>2000万以上</td><td>600万以上</td><td>200万以上</td></tr>
<tr><td>资产负债率</td><td colspan="5">不高于75%</td></tr>
<tr><td rowspan="3">设备设施</td><td>可控仓储面积（m^2）</td><td>10万以上</td><td>5万以上</td><td>1万以上</td><td>3000以上</td><td>1000以上</td></tr>
<tr><td>可控运输车辆（辆）</td><td>500以上</td><td>400以上</td><td>300以上</td><td>200以上</td><td>100以上</td></tr>
<tr><td>营运网点（个）</td><td>100以上</td><td>50以上</td><td>30以上</td><td>10以上</td><td>5以上</td></tr>
<tr><td rowspan="5">管理及服务</td><td>管理制度</td><td colspan="5">有健全的经营、财务、统计、安全、技术等机构和相应的管理制度</td></tr>
<tr><td>质量管理</td><td colspan="3">通过ISO 9001—2000质量管理体系认证</td><td colspan="2">—</td></tr>
<tr><td>业务辐射面</td><td>全球范围</td><td>全国范围</td><td>跨省区</td><td colspan="2">省内范围</td></tr>
<tr><td>咨询服务</td><td colspan="3">提供物流规划、资源整合、方案设计、业务流程重组、供应链优化、物流信息化等方面的服务</td><td colspan="2">提供整合物流资源、方案设计等方面的咨询服务</td></tr>
<tr><td>客户投诉率</td><td>小于0.05%</td><td colspan="2">小于0.1%</td><td colspan="2">小于0.5%</td></tr>
<tr><td rowspan="2">人员素质</td><td>中高层管理人员</td><td>80%以上有具有本科或相当于本科以上的学历</td><td colspan="2">70%以上有具有本科或相当于本科以上的学历</td><td colspan="2">60%以上有具有本科或相当于本科以上的学历</td></tr>
<tr><td>业务人员</td><td>60%以上有具相关专业知识和专业资格</td><td colspan="2">50%以上有具相关专业知识和专业资格</td><td colspan="2">40%以上有具相关专业知识和专业资格</td></tr>
</table>

续 表

指标评价 \ 级别		AAAAA 级	AAAA 级	AAA 级	AA 级	A 级
信息化水平	网站功能	实现电子商务交易	实现电子商务交易	实现电子交互、信息发布	实现电子交互、信息发布	静态页面
	电子单证管理	100% 以上	80% 以上		60% 以上	
	货物跟踪	90% 以上	70% 以上		50% 以上	
	客户查询	联网图形、实时数据、自动语音	联网图形、实时数据、自动语音	联网图形、实时数据、半自动语音	录入数据、手工语音	手工语音查询

资料来源：根据《2010 年中国物流发展报告会暨 A 级物流企业授牌大会》资料汇编进行整理。

所以，由于企业规模普遍相对较小，比较分散，设备和技术落后，管理水平高，缺乏竞争力，难以提供一体化的供应链物流服务，导致制造企业寻求不到合适的物流服务供应商，这必然导致专业化物流供给能力不足。另外，我国物流企业服务附加值普遍偏低，大多数物流企业只能提供简单的运输、仓储和配送服务，高端服务比较欠缺，缺乏流通加工、库存管理、物流信息服务、物流成本控制等增值服务，这也是导致专业化物流供应不足的主要原因之一。所以，物流企业要具备专业化集约物流服务能力，“小、散、差、弱” 的现状必须改善。

三、相关要素发展不平衡影响着物流服务运作集约化和一体化

绿色物流体系中相关要素发展的不平衡，主要体现在以下几个方面：

（一）基础设施发展衔接和配套仍然不理想

2008 年金融危机爆发之后，中国的 4 万亿投资计划让中国公路铁路等基础交通建设大受其惠，各地进行了大规模的交通建设，并且投资进一步向中西部地区和农村地区倾斜，这给物流发展带来了便利条件，但基础设施的衔接和配套仍然不理想：第一，不同运输方式之间衔接不顺畅，由于

中国的物流运输成本过高，货物运输过程中往往需要出现分拆倒装、多次中转，这就导致运输效率缺乏效率，物流运输服务一体化运作难以达到；第二，基础设施的建设重线路、轻节点，在公路、铁路干线发展迅速的同时，相应的物流节点如物流园区（中心、基地）的建设相对滞后，线路和节点缺乏协调导致物流网络的作用发挥不够；第三，部分物流基础设施，尤其是仓储建设力度不够，仓储设施设备改造缓慢。

（二）区域物流发展不平衡

我国区域物流发展不平衡。这其中的原因是东部沿海经济发展较好，物流基础设施相对发达，物流管理的水平相对较高，尤其是以外向型经济为主导的格局带动了旺盛的物流需求。而长期以来，中西部地区物流基础设施相对落后、管理水平不够先进，其中原因之一是中西部地区的经济与沿海相比开放度还不够高，跨区域物流需求较低。在国家推进加大西部开发、产业转移和外向型经济转型的宏观经济战略中，流通能力这个发展瓶颈亟待解决。此外，由于历史原因和受城乡“二元经济”的影响，中国城市和农村物流能力差别较大，农村物流发展相当落后。

（三）行业物流发展不平衡

与大众消费市场联系密切的家电、日用品、医药、烟草、汽车、连锁零售等行业的物流需求旺盛，供应链管理与一体化运作等现代物流管理模式发展较快。然而居于产业链上游、资本密集型的矿石、钢材、煤炭等大宗物资物流的发展效率不高，相对滞后。另外，农产品物流没有形成规模化、网络化布局。以上方面的不平衡发展制约了物流发展的集约化和一体化发展。

四、政策环境仍然存在影响物流发展的制度性障碍

（一）多头领导导致物流效率低下

物流业与发改委、工业、商务、交通、口岸、海事、工商等多个部门

都有关，却至今没有行业主管部门，多头领导容易导致政策“撞车”，效率低下。虽然相关部门的组织机构建立起来了，但由于缺乏统一的协调机制，不同方式之间的政策、法规、标准不衔接，部门之间难以有效配合和协调，造成物流行业管理中存在条块分割、重复建设、市场准入制度不健全等种种问题，妨碍着物流的社会化进程，导致制造业与物流业联动不足。

（二）物流运输中各种收费项目太多且金额过高

中国的公路运输，存在很多乱收费、多收费、高收费、不合理收费现象，这包括道路的收费、管理的收费、办理各种证件的收费等。各种收费的过高，加上高昂的油价是物流运输成本居高不下的主要原因之一，据统计，我国目前的物流运输费用占国内生产总值9%上，高出发达国家50%。2011 年 4 月，交通运输部召开全国交通系统纠风工作会，旨在减少交通系统乱收费问题。规范物流运输收费的合理化，是提升物流业健康发展的途径之一。

（三）现行的税收管理体制仍有待完善

1. 我国物流企业综合税负相对偏高，税收改革推广较难

按照现行的营业税税目，物流业业务划分为运输与服务，服务即是包括仓储、代理等。但各种物流环节的税率不一样，在现行税率中，运输、搬运、装卸环节的营业税率为 3%，而仓储、配送、代理等环节的营业税税率为 5%。但是在实际的物流服务中，综合性物流公司的各项业务往往是关联在一起，对运输与服务收入往往区分较难。所以各类物流业务税率不统一势必是物流业一体化运行的障碍，另外，这也不利于有关部门税收的征收。国家税务总局 2005 年颁发了《关于试点物流企业有关税收政策问题的通知》（国税发〔2005〕208 号），目前已经有了 4 批、大约 390 多家物流企业进入试点范围。这有利于有效解决试点企业营业税重复纳税问题，但是物流税收试点手续过于复杂，大规模推广的难度大。所以，整体来说，物流企业重复纳税问题还很严重。

2. 仓储设施占地土地使用税率偏高

2006年年底，国务院对《城镇土地使用税暂行条例》进行了修订，修改后土地的适用税率比以前提高了2倍。仓储型的物流企业一般占地面积大，赢利能力不高，利润水平遍低，过高的土地使用税率使企业的利润空间进一步缩小。这也是我国物流仓储业发展相对缓慢的原因之一。

3. 物流企业库房租金收入适用税率仍然存在

按照现行的《房产税暂行条例》，出租的房产，房产税的计税是以房产租金收入为依据，目前适用税率为12%，然而除此之外，物流企业出租仓库的租金收入，不仅要缴纳房产税，还要缴纳5%的营业税，总体税负已经高达17%，税负太重。

4. 物流企业目前不能够能享受增值税的转型政策

按照2009年起实施的《增值税暂行条例》（国务院令第536号）规定："允许增值税一般纳税人抵扣其新购进固定资产所含的进项税额，而小规模纳税人的增值税征收率统一降低至3%。"按照目前的税收征收范围，物流业的业务均属于营业税纳税范畴，虽然物流企业一般拥有大量的设施设备，但是它还是不能享受增值税转型政策优惠。

5. 物流服务标准化体系仍然有待完善

目前尽管我国已经制订了一些重要的国家标准，如《物流单元条码》《商品条码》《储运单元条码》等，但这些标准的应用推广存在着很大问题，以《储运单元条码》为例，其应用正确率不足15%。所以我国物流服务标准化体系的建设尚不完善，限制了物流服务能力的提升。

第二节　泛北京地区物流业面临的问题

绿色物流是在物流过程中抑制物流对环境造成危害的同时，实现对物流环境的净化，减少资源消耗，使物流资源得到充分利用。传统的物流活动主要是为了实现物流企业的赢利、满足顾客需求、扩大市场占有率等，而绿色物流的目标在上述经济利益目标之外，还追求节约资源、保护环境这一既具经济属性又具有社会属性的目标。

泛北京地区物流业虽然发展较快，但从整体上看仍处于初级发展阶段，与发达国家和地区相比还有很大差距。“十一五”期间，泛北京地区物流业的发展也面临着一些不利因素的制约和挑战，必须高度重视。

一、北京地区物流业面临的问题

城市是物流中心，是大批量物资集散的场所。城市物流作业的集中对环境造成了很大的外部效应，在这个人口密集，社会活动频繁的经济体中，外部不经济的影响显得更加突出。

运输是物流的核心，公路运输以其机动灵活而广受物流经营者的欢迎。北京货物运输的主要方式是以铁路运输和公路运输为主。2013 年 1 ~ 8 月的货物周转量如表 4 – 2 所示：

表 4 – 2　　2013 年 1 ~ 8 月北京货物周转量数据统计

项　目	计量单位	2013 年 8 月	同比增长（%）	2013 年 1 ~ 8 月	同比增长（%）
货物周转量	万吨公里	434971	6. 5	3416001. 7	2. 9
公路	万吨公里	134502	0. 7	1023808	7. 5
铁路	万吨公里	258930. 8	11. 7	2075827. 5	0. 9
航空	万吨公里	41538. 2	–3. 6	316366. 2	2. 8

但汽车运输却存在许多影响环境的因素。公路运输排放的尾气严重地污染了环境，噪声大，能耗大，运输成本高。北京市近几年机动车辆排放的一氧化碳、碳氢化物、氮氧化物分别占全市废气总排放量的 39. 1%、74. 8% 和 46. 2%。就北京而言，机动车辆保有量以每年 15% 的增长率增长，车流量年增长速度已达到 18%，2013 年汽车保有量达到 520 万辆。

北京市年产垃圾已达 600 万吨，其中包装物占重量的 15%，占体积的 25%，因此发展绿色包装是首都经济可持续发展的一个重要的主题。包装废弃物填埋或焚烧后所产生的有害气体等对大气、水源和土壤造成污染；包装用泡沫塑料及氟氯烷烃类物质导致臭氧量减少废塑料包装流入江河、海洋造成污染并危害海洋生物。

城市绿色物流的提出正是为了实现城市经济社会的可持续发展，通过对城市物资流动，特别是货物运输进行统筹协调，解决交通阻塞、环境污染等一系列物流公害，实现物流活动的整体最优。北京已成为一个国际性的大都市，建立一个高效的物流体系已成为其加速城市发展必须解决的问题。

（一）集约化程度低，整体水平亟待提高

北京市铁路、公路货运近年基本为持平或下降水平。2012 年全年规模以上港口完成货物吞吐量 97.4 亿吨，比上年增长 6.8%，其中外贸货物吞吐量 30.1 亿吨，增长 8.8%；规模以上港口集装箱吞吐量 17651 万标箱，增长 8.1%。全市道路货运资质等级五级以上企业 429 家，占法人营运单位的 2.6%。主营物流企业货运车辆占货运总车辆的 34%，拥有货运车辆在 50 辆以上的企业仅占 0.2%。

（二）传统物流功能单一，专业化标准化亟待加强

传统方式的货物运输和仓储量比例过高，占物流量的 97.5%。运输设施装备的专业化、集装化程度较低。使用物流计算机管理系统的企业占被调查企业的 11.6%。

首先，不同运输方式之间不能优势互补。目前，在北京，以公路和铁路运输为主，水运和民航运输的潜在优势没有充分发挥，不同运输方式之间、不同地区之间没有形成相互衔接的运输系统，对环境的重要影响因子（如引起地球变暖的二氧化碳，严重污染和危害人体健康的含氮氧化物等）没有引起足够的重视，物流运输的“绿色化”水平不高。

其次，仓储设施落后，库容体积小而分散。目前北京市各种综合性货运枢纽、物流基地、物流中心的建设发展缓慢，许多货运中心存在着各自为战的状态，造成了资源和人力的浪费，也违背了绿色物流节约资源的原则。

再次，机械化、自动化水平不高。在许多物流企业使用的搬运工具中，人工搬运车、手推叉车和普通起重设备占到 70% 以上，而可视叉车等

现代化的搬运工具很少，不仅物流设备的专业化、集装化程度低，管理也处于落后的状态，使用计算机管理系统的企业只占11.6%。

最后，技术水平和信息化水平不高。绿色物流是循环型物流，要使物流材料得到再降解利用和重复利用，就必须有先进的技术，目前在物流材料的再降解利用和重复利用上，都缺乏过硬的技术。

（三）物流资源结构不尽合理，运输格局有待优化

北京地区无专用货运机场；公路、铁路、航空各自分立发展，互不衔接；公路和铁路货运场站、装卸点大都规模小；铁路、公路建设与站场建设不衔接；民航、铁路货运占货运总量比例过低，公路、铁路、民航的格局有待优化。

（四）自营物流比例高，物流不合理状况突出

据《北京市物流业现状调查报告》显示，制造业和批发贸易业自营物流的比重高达74.2%，物流效率处于低水平、高消耗的状态。专业物流企业物流量只有25.8%，具有增值功能的配送和流通加工只占2.5%，达到较高物流管理和服务层次的专业化物流企业完成的物流量仅占0.7%。

（五）绿色物流发展的“软件”需强化

1. 管理体制存在缺陷，政府引导作用亟待加强

绿色物流体系的构建跨越不同的行业和地区，需要物流企业和环保企业的共同努力。物流企业追求经济效益的时候往往会忽视对环境的影响。目前北京市还没有专门的机构来统筹规划整个绿色物流体系的构建，对物流企业和环保企业的管理属于不同的政府职能部门，缺乏统一协调，不利于绿色物流体系的建立。

2. 环境教育力度不强，公众的绿色物流观念淡薄

从观念上来说，生产者和经营者追求的是绿色产品、绿色营销和绿色服务，消费者追求的是绿色消费、绿色享用和绿色保障，而其中的绿色通道（物流环节）却没有得到足够的关注。

3. 物流管理人才相对缺乏，特别是绿色物流的相关人才更是稀缺

由于我国绿色物流理念的形成时间不长，许多物流企业还没有完全建立发展绿色物流的概念，既具有环境知识又具有物流知识的复合型人才较为匮乏，这已经成为制约绿色物流业发展的瓶颈。

二、泛北京地区物流业面临的问题

（一）物流资源分散，物流成本较高

泛北京地区工业企业和批发企业拥有大量的仓库、货场和运输装卸设备资源，但这些物流资源相对分散，配置不合理，在很大程度上制约着北京地区物流业的发展，影响了物流效率的提高，全社会物流成本偏高。据初步估算，目前北京地区全社会物流成本与 GDP 的比值约为 18%，相当于全国的平均水平，远高于世界发达国家 10% 的水平。

物流的组织、布局和衔接不尽合理，影响了物流资源的整合和一体化运作。各物流节点间基本是相对独立发展，未能实现有效衔接和优化配置在物流园区建设上，缺乏统一的布局规划，分工协作不完善。在交通网络建设上，港口周边交通设施的开发建设速度与港口发展相比相对缓慢，制约着泛北京地区交通网络体系的快速搭建；海港和空港有效分工、优势互补、协调发展的格局尚未形成，空港发展严重滞后。

（二）物流社会化、专业化程度不高

泛北京地区的自营物流与社会物流比约为 3∶1，第三方物流占物流总量的比重只有 5%，远低于发达国家 25% 的水平，表现为大多数工商企业内部生产与流通“大而全”、“小而全”。70% 的物流需求是通过“仓库 + 车队”的自营方式实现的，物流效率处于低水平、高消耗的状态。

绝大多数物流企业服务内容有限，服务方式和手段比较原始和单一，物流企业组织规模较小，缺乏必要的竞争实力，物流企业经营管理水平较低，物流服务质量有待进一步提高，绝大多数企业只能提供单项或分段的物流服务，不能形成完整的配套物流服务，国际一流的物流公司投资还不

多，规模也不大，还不能成为具有全国乃至全球网络的物流中心或节点。

（三）物流服务功能单一，信息化水平有待提高

泛北京地区物流行业的服务功能相对单一，传统方式的货物运输和仓储量比例占到物流量的97.5%，增值功能强的货物配送和流通加工量只占2.5%，使用物流计算机管理系统的企业仅占12%左右。

物流有效需求不足，供给水平有待提高。一方面，大部分地区经济发展水平相对较低，产业结构层次水平也较低，因此对高附加值的物流需求度不大，造成物流有效需求不足；另一方面，目前大部分物流企业规模普遍较小，服务功能单一，扩张能力偏低。同时，“管理秩序混乱、竞争无序”的现象时有发生。

（四）区域物流的组织化水平较低

泛北京地区在物流活动的有效组织、货运方式的有效衔接、物流通道的有效疏导、物流信息的有效传递与共享等方面还基本处于自发状态；政府之间、行业协会之间以及政府、协会和企业之间还缺乏自觉的沟通与合作，物流成本较高、效率较差，区域物流的组织化水平普遍偏低。协调机制不健全，物流发展环境需进一步完善。目前，港口、铁路、公路、民航等交通相关部门仍然缺乏有效的协调机制，多家管理、政出多门、体制不顺的问题依然突出。物流发展的政策制度还不够完善，管理部门服务质量和效率需要进一步提高。此外，还存在就业人员素质偏低、人才匮乏等问题，泛北京地区物流企业的从业人员学历在大专以上的占12.5%，物流专业人员不足1%。

第三节　泛北京地区绿色物流发展存在的问题

因为我国物流业的起步较晚，绿色物流还刚刚兴起，人们对它的认识还非常有限，在绿色物流的服务水平和研究方面还处于起步阶段，与国际上先进技术国家在绿色物流的观念上、政策上以及技术上均存在较大的差

距。从我国发展现代物流的基本条件分析，虽然具备了一定的现代物流生存土壤和大力发展的基础，而且发展的前景也非常好，但是，在我国需要进一步提高经济发展水平和经济增长质量的经济发展背景下，发展绿色物流还需要积极着手解决阻碍物流发展的相关问题。绿色物流强调在物流系统中抑制对环境所造成的危害，物流系统每个环节中都隐藏了对环境造成污染和危害的因素，所以，绿色物流着眼于物流系统，通过针对每一环节的具体措施的实施来抑制物流对环境造成的危害。

一、企业观念落后，阻碍物流服务市场发展

一方面，泛北京地区领导和政府的观念仍未转变，绿色物流的思想还没确立。部分政府领导对物流的推进尚且放任自流，更不用说面向的是更进一步的绿色物流了。仅有物流的思想而没有绿色化的概念，还缺乏发展的前瞻性，与时代的步伐存在差距。另一方面，经营者和消费者对域外物流绿色经营消费理念仍非常淡薄，绿色物流的思想几乎为零。经营者展现给我们的是绿色产品、绿色标志、绿色营销和绿色服务，消费者追求的是绿色消费、绿色享用和绿色保障，而其中的绿色通道——物流环节，也未有足够的重视和关心。

我国工业化起步较早，发展历程较长，长期计划经济体制下重生产轻流通而造成的物流环境较差，使工业企业逐步形成了自己配套物流设施，历史的重负使“大而全、小而全”的经营管理思想的改变受到现实条件的制约，在计划经济时期僵化的管理体制下脱胎而发展起来的流通领域也还具有典型的分散经营的痕迹。因此，在现代物流发展的企业物流环节，还不可避免地存在着管理观念落后问题，其直接结果就是企业之间在物流运作上较为封闭，无法形成对基于社会分工的专业化的物流服务需求。虽然在区域经济发展中具有比较优势的产业，在地区分布上的“产业带”和产供销有机联系的“产业链”上的相当部分企业，也开始意识到改进企业物流管理观念、建立一体化的物流运作的重要性，但是传统的惯性仍然成为阻碍物流服务市场发展的困难。

二、管理体制及运作机制不适应绿色物流的发展要求

绿色物流是当今经济可持续发展的一个重要组成部分，它对社会经济的不断发展和人类生活质量的不断提高具有重要的意义。正因为如此，绿色物流的实施不仅是企业的事情，而且还必须从政府约束的角度，对现有的物流体制强化管理，构筑绿色物流建立与发展的框架，做好绿色物流的政策性建设。尽管我国自20世纪90年代以来，也一直在致力于环境污染方面的政策和法规的制订和颁布，但针对物流行业的还不是很多。另外，由于物流涉及的有关行业、部门、系统过多，而这些部门又都自成体系，独立运作，导致物流行业的无序发展，造成资源配置的巨大浪费，也为以后物流运作上的环保问题增加了过多的负担。

泛北京地区现行的经济管理体制及运作机制，是在对传统的计划经济进行逐步改革的基础上演变而来的，这一体制虽然在推进市场经济的发展中发挥着很重要的作用，但是，对于物流管理的多层面和物流运作的网络化、多环节，因明显存在的行业分割和地区封锁、政出多门等管理体制及运行机制问题，而制约了物流的发展，改革经济管理体制和运作机制，加强各个经济管理部门的良好协调，建立现代物流发展的工业、商业及物流企业推进体系，应为当务之急。

三、综合运输网络整体技术水平较低，服务效率亟待提高

在降低物流成本过程中，各种运输服务扮演着重要角色，而泛北京地区综合运输网络整体素质较低，如区内铁路网结构分布与运力组织的不平衡；公路网平均技术等级不高，维护费用高；水上航道与港口泊位等级低，通过能力有限；辅助服务系统未能形成体系，仓储设施布局不尽合理，设备陈旧落后；国内、国际大通道运输能力严重不足，等等，无法满足绿色物流发展的需要。

（一）运输环节存在空驶现象

泛北京地区物流运输主要以公路运输为主，其二氧化碳、废气等排放严重污染环境。长期以来，货运汽车空驶现象比较严重，不仅增加了运输经济成本，也大大增加了尾气排放量。存在的主要不合理运输形式有：返程或起程空驶，对流运输，迂回运输，重复运输，倒流运输，过远运输，运力选择不当，托运方式选择不当。

（二）城市配送负荷增加

伴随着生活水平的提高、人们对物资需求以及本身经济能力的加强，私家车数量增长迅猛。为减少城市道路压力，北京地区交通部门对运货卡车进行限行交通管制，食品供应商改用小型面包车代替运货卡车，这也无形中增加了城市二氧化碳的排放量。经济的蓬勃发展，人民生活水平的提高客观上要求零售业的发展与之配合，而零售业的发展必然带来店铺网点数量的增加，配送需求的急剧上升，这也间接增加了城市配送的负荷量。

（三）观念和政策跟不上发展的节奏

要尽快形成物流绿色化的观念，引导人们树立绿色物流意识，倡导低碳购物和环境保护行为。绿色物流是可持续发展的一个重要组成部分，泛北京地区的政府有关部门需要根据我国社会经济发展的基本国情对绿色物流进行约束和宏观调控，对现有物流体制进行合理调整改善、强化管理。

四、绿色物流技术装备落后

目前，泛北京地区绿色物流还未形成统一的规模，仍存在内部无序竞争现象，对环保造成很大的压力，在机械方面没有形成先进机械技术与绿色物流的整合，在物流材料、信息化、网络化各环节存在问题，实现低碳运行任重道远。

与此同时，各种运输方式的发展相对封闭，技术装备及经营组织与管理服务落后，特别是内陆地区集装箱等多式联运技术发展缓慢，使得运输服务效率较低，不利于降低综合运输成本，无法支持社会物流成本的下降。

绿色物流的关键所在，不仅依赖物流绿色思想的建立，绿色导向的指明和绿色操作的运用，更离不开绿色技术的掌握和应用。而我们的物流技术和绿色要求有较大的差距，物流基础设施的配套性、兼容性还比较差，物流技术装备水平低；物流包装标准一与物流设施标准之间缺乏有效的衔接，在一定程度上延缓了物流机械化和自动化水平的提高；企业物流信息管理水平和技术手段比较落后，缺乏必要的公共物流信息平台，订单管理、货物跟踪、库存查询等物流信息服务功能较弱，制约了物流运行效率和服务质量的提高；仓储设施落后，库容体积小而分散，各种综合性货运枢纽、物流基地、物流中心的建设发展缓慢；物流中心的经济效益不高，存在着严重的资源和人力的浪费。绿色物流是循环型物流，要使物流材料得到再降解利用和重复利用，必须有先进的技术，可是目前我国物流材料的再降解利用和重复利用技术都不过硬。高信息化水平是绿色物流发展的必备条件，可是我国一些物流企业开发的软件，性能比较低，即使有些软件比较适用，但有时又与客户系统不相容，许多新兴的信息技术也没有得到很好的利用。总之，没有先进物流技术的发展，就没有现代物流的立身之地，绿色物流就更无从谈起。

五、企业利用绿色物流技术的能力不高

绿色物流的关键所在，不仅依赖物流绿色思想的建立，物流政策的制定和遵循，更离不开绿色技术的掌握和应用。而我们的物流技术和绿色要求有较大的差距。泛北京地区中存在一些物流行业欠发达的地区，物流行业还没有什么规模，基本上是各自为政，没有很好的规划，存在物流行业内部的无序发展和无序竞争状态，对环保造成很大的压力；在机械化方面，物流机械化的程度和先进性与绿色物流要求还有距离；物流材料的使用上，与绿色物流倡导的可重用性、可降解性也存在巨大的差距；另外，在物流的自动化、信息化和网络化环节上，绿色物流更是无从谈起。

现代物流是在现代信息技术的广泛应用和工业及商业企业对既有物流

管理运作资源进行合理有效运作的基础上发展起来的。虽然很多地区对于信息化发展给予了高度重视，并为此编制了专项规划，但由于历史的原因，相当部分企业的信息技术应用不够广泛或处于空白，工业及商业企业物流资源存量较大而整合的难度大、成本高，企业物流相关资源闲置与浪费较为普遍，现行的企业管理体制又不能很好地支持企业进行整合，加之上下游企业之间尚未形成良好的供应链系统，使得企业应用现代物流技术的能力较为低下。

六、包装废弃物的回收利用率低

近年来，泛北京地区包装废弃物的回收工作在北京和各地政府主管部门有关政策和法规的指导下，虽取得较大进步，但总体形势不容乐观。主要存在的问题有包装废弃物分类回收工作严重滞后、包装制品的回收渠道混乱、包装废弃物回收利用率低、包装废弃物回收处理的立法有待于加强和完善等。我国在包装废弃物的回收上与发达国家相比，还存在很大差距。西方一些发达国家的包装废弃物回收利用率都较高。织物包装的回收率美国为47.8%，日本为37.1%。塑料包装废弃物回收利用西方国家主要采用回收利用，焚烧和深埋处理。西欧、日本、美国塑料包装废弃物的回收利用率分别为15%、5%、10%，焚烧率分别为30%、70%、5%，深埋率分别为55%、25%、85%。玻璃包装的回收率西欧国家平均为30.5%，日本为49%。而我国在包装废弃物的回收上不容乐观，如纸包装回收率仅为20.4%，塑料包装废弃物回收率为10%左右，玻璃瓶为20%左右。比之发达国家，我们还存在很大的差距。

七、物流服务处于初级阶段

专业化的物流服务企业既是现代物流发展的产物，也是绿色物流赖以发展的重要条件。由于运输及仓储技术较为传统和落后，在传统企业中缺乏开展现代物流服务的基础，而真正意义上的第三方物流企业更是处于萌芽状态。因此，泛北京地区现代物流服务的发展较为缓慢，必须尽快提高传统运输、仓储、代理等物流企业的经营组织化水平，加快其向现代物流的转型和服务方式的转变，特别是要积极培育和扶持专业化第三方物流企业的发展，为现代物流的发展准备良好的企业组织及经营管理条件。物流绿色化对于泛北京地区来说，还有相当漫长的一段路程。而存在这些问题的根本原因在于泛北京地区的绿色物流发展没有一个长远的战略规划；各参与主体（政府、企业、消费者）在物流发展中没有一个准确的角色定位，因而集中体现为管理体制不明确、职责不清、物流市场混乱；对绿色物流的重要意义的认识不足，物流行业的绿色化意识淡薄；绿色物流技术相对较落后；物流企业自觉实现绿色物流的积极性不高，物流企业的调整和整合速度缓慢，处于较低的效率和服务水平运作。

中国经济已经成为全球经济的一部分，必须要加快物流的绿色化建设，否则就会失去竞争力。可以说，发展绿色物流是参与全球物流业竞争的重要基础。

八、绿色物流标准化基础工作薄弱

标准化是资源整合的一项重要基础工作。应该包括设备设施的标准化，如托盘、货柜、集装箱等标准化；信息标准化，如运输单据、出入库单据、条码等；管理模式标准化，如应答制度、赔偿制度、信息反馈制度等。目前各地区各部门都有自己的标准，有些方面虽有国家标准，但没有加以普及和应用，直接影响了物流的运行效果。我国自 1998 年导入 ISO 14000 环境管理体系系列标准认证制度之后，只有近百家企业通过了环境管理体系认证，而物流经营者还没有认识到它的重要性。我国一些企业在实施 ISO 14000 系列标准方面，与国外相比还有一定差距。

九、绿色物流研究相对落后，绿色物流专业人才短缺

物流产业需要大批人才，相比较而言，泛北京地区在物流研究和教育方面还非常落后，从事物流研究的大学和专业研究机构还很少。由于我国绿色物流的理念形成不久，许多物流企业还没有完全建立发

展绿色物流的概念，没有真正具有超前意识去承担社会责任，只是象征性地适应时代环境的需要。目前泛北京地区内许多企业还没有既具有环境知识又具有物流知识的复合型人才，绿色物流的研究理论与应用实践脱节。企业层面的研究和投入更微乎其微，物流教育水平不高主要表现在缺乏规范的物流人才培育途径。许多物流管理工作者都没有经过正规的物流专业培训，既具有环境知识又具有物流知识的复合型专业人才尤为缺乏。

第五章　泛北京地区绿色物流体系的推进策略

物流是企业的第三利润源泉，是国民经济增长的一个重要组成部分，绿色物流的建立对社会经济的不断发展和人类生活质量的提高具有重要意义。无论消费者、政府有关部门还是企业界，都应强化物流管理，共同构筑绿色物流发展的框架。全民解放思想，提高认识，牢固树立绿色物流的思想观念和运作观念。消费者不仅是绿色物流的倡导者，而且是绿色物流的督导者。首先消费者要树立绿色物流的理念，如果人人都了解环境保护和资源的持续利用对可持续发展的重要性，人人都有环保意识，搞好绿色物流将指日可待；其次要倡导绿色物流的行为；最后为了下一代的生存与发展，人们不仅自身要实行绿色消费，而且要通过舆论要求政府规制绿色物流管理。

第一节　绿色物流法律法规及标准化建设

一、绿色物流法律法规建设

秩序的正常运行必须要有法律法规来支持，发展绿色物流仅靠企业本身和个人的主动性还远远不够，必须要建立相关法律法规来推动。目前，我国还没有针对绿色物流的专门法规对物流活动进行有关环境方面的规范，也没有非常明确的政策，对物流活动绿色化的规制只能依靠环保法规中的某些相关条款。此外，基于资源政策具有非系统化、不完善和针对性差等缺点，与发达国家的法律法规相比量刑又偏轻，以致市场的经济性较差，无法为企业造就一个相对公平的氛围。从而给没有环保意识的企业以可乘之机，而具有环保意识的企业却由于高成本在同等环境的竞争中处于相对不利的位置，因此对提高经营水平、生产效率，开展绿色物流的想法搁浅，造成绿色物流始终无法有效地进行下去。

环境立法就是通过明确的环境控制标准和方法条款来约束企业或个人的行为。绿色物流虽然是顺应环保要求而产生的，但绿色物流是不可能完全依靠市场而自发实现的。因此，对绿色物流进行法律调控是必不可少的，通过法律条款和多种手段，明确污染者对他们所造成的损害应负的法律责任。根据物流活动的外部性，与物流活动有关的环境立法主要是与固体废弃物、回收再循环、空气污染控制以噪声控制四个方面有关的法规。

（一）固体废弃物处理法

针对废弃物处理问题，很多国家制订了一系列的相关法律条例，禁止某些产品的废弃填埋，鼓励或强制要求进行废弃物的循环利用，以此控制废弃物的产生，控制废弃物对环境的破坏。如德国 1991 年颁布了《包装废弃物处理法》，规定了对一些包装容器的回收再利用率，还对一些难以降解的包装材料收取环境税；美国佛罗里达州政府制订了《废弃物处理预收费法》，达到一定的回收再利用率就可以申请免除包装废弃物税收。这些法规的存在，促使这些国家的企业不得不实施绿色包装策略，通过技术的创新和管理模式的创新来提高包装的循环利用率。

（二）回收再循环法

制定回收法不仅是为了解决废弃物过多的问题，同时也是为了缓解资源危机的问题。从发达国家的环境立法情况看，欧洲具有强烈的产品回收倾向，欧洲许多国家通过法律条例来促使产品生产商承担起产品寿命终结后的回收处置责任。回收法不仅可以推动逆向物流的产生，而且也促进了面向回收、面向拆卸的产品设计方法的诞生，促进资源缩减目标的实现。随着产品回收再利用的法规要求的更加严厉，涉及的产品范围越来越广，对于逆向物流的发展将产生巨大的推动作用。

（三）空气污染控制法

机动车燃料燃烧是三大空气污染物的主要来源，即一氧化碳、碳氢化合物、氮氢化合物，也是其他有害排放物如铅、二氧化碳的重要来源。机动车辆污染属于流动的污染源，对流动污染源的控制比固定污染源的控制更加困难。物流活动中的空气污染主要是因为货车的普及造成的，尤其是城市配送和门到门的物流服务的发展。政府在控制空气污染方面，应该进一步建立和完善《空气污染控制法》等法律规范，另外，通过立法和经济手段的结合，例如，排污收费、燃油税等，鼓励车主购买更清洁的燃料、安装催化转换器、购买燃油效率更高的车辆、减少行驶里程或改变驾驶习惯，缓解汽车运输造成大气污染的程度。

（四）噪声控制法

在物流系统的规划建设中，尤其是物流中心、配送中心的施工建设期，应该遵循《建筑施工场界噪声限值》的标准规定。在物流系统运营过程中，比如在城市区域运送货物时，则要遵守《城市区域环境噪声标准》规定。

二、开展绿色物流的相应政策

用法律明确制造商和销售商的回收利用责任和义务，加强对环境污染指标的限制、对包装废弃物的限制、对物料循环利用率的规定等，都有利于企业主动实施绿色物流战略，并与供应链上的企业合作，最终在整个经济社会建立起包括生产商、批发商、零售商和消费者在内的绿色物流系统。除此还可以推行以下政策进一步完善。

（一）对物流过程中的节约降污行为予以奖励

通过给予补贴、利用税收调控以基金或补贴的形式，对物流过程中的节约资源、降低污染的行为予以鼓励和资助，利用产业政策，直接限制资源浪费型和环境污染型的产业发展。对实施绿色生产、开展绿色物流的企业进行税收激励，对污染性企业实施税收制约，通过征收环境税迫使企业改革工艺，减少污染。针对汽车尾气排放征收的税额标准实行计征分档制度，对节约能源、使用新能源的车辆可以减增或者免征。此外，可以通过信贷、价格、补贴等手段为企业补充发展绿色物流所需的资金。对改革工艺，寻找新原料、新能源，开发绿色产品的企业，政府还可采用财政补贴的方式鼓励其发展。

（二）加强企业重组、行业规范化

随着国家振兴物流产业政策的出台，物流业更是取得前所未有的蓬勃发展，中小型的物流企业如雨后春笋般的涌现，占用了大量的社会资源，而且中小型物流企业管理不规范，基础设施落后，只是追求经济利益而忽视自然环境的保护，对于这些企业绿色物流在短期内是不会实现的，所以规范物流业，整合、兼并、重组，组建跨区域、跨行业、跨所有制的具有较强竞争力的大型物流企业，重新整合资源提高资源的利用率，淘汰那些设备老化、管理理念落后的中小物流企业，提高物流企业的综合实力，资源可以得到充分利用同时也减轻环境污染，为发展绿色物流打下基础。

（三）加大绿色科技的投入，鼓励逆向物流发展

环境污染的治理，生产效率的提高，能源和资源利用率的提高，新型优质绿色产品的生产和绿色流通的实施，都需要绿色技术的支撑。加大绿色科技投入，促进绿色事业的发展，是实施可持续发展的重要保证。

逆向物流可以改善和提高顾客价值，增强战略竞争优势；降低物料成本，增强企业效益；节约资源，降低污染，有利于环境保护；促使企业质量管理体系的不断完善。发展物流的同时，也要看到逆向物流带来的巨大效益，因此，政策导向多关注逆向物流这一隐性成本，鼓励其健康发展。

（四）加快综合运输体系建设和扶持绿色物流企业发展

首先，确立综合运输的思想。各种运输方式按照其自身技术经济特征，在社会化的运输范围内和运输过程中，形成分工协作、有机结合、连

接贯通、布局合理、竞争有序、运输高效，并能最大限度地发挥各种运输方式的单个及组合优势。

其次，加强交通运输的综合发展规划。从建立适应经济开发和发挥北京市在区域经济中地位和作用的角度，北京市必须改变目前各种运输方式各自规划自身发展的做法，从综合运输的高度，制订交通运输综合发展规划，减少可替代交通运输基础设施的重复建设，以便从总体上提高交通运输的发展效率。减少无序物流作业对环境的污染。

最后，大力发展多式联运技术及装备。从战略高度，积极发展能使各种运输方式有机衔接的多式联运技术及装备，北京市经贸委及与多式联运相关的各个行业管理部门，应积极借鉴国外多式联运发展经验，从扶持多式联运企业发展和为其提供集装箱运输车辆、装备购置及更新改造资金支持等的角度，加快多式联运的发展。

（五）促进绿色物流服务市场体系的建设

工业企业要重点导入绿色物流理念和技术，对物流各环节进行优化整合；运输企业重点要摆脱单一运输业务的束缚，聚合物流服务功能，逐步向第三方物流转变，为社会提供规范化、系统化、专业化的物流服务；商贸企业重点发展连锁经营、扩大代理配送的规模及范围，运用电子商务等信息技术，努力优化配送网络。

积极培育绿色物流技术应用及服务需求市场。加强政策引导，通过建立对工业、商业企业资金利用水平、存货水平、物流相关资产回报水平、物流成本水平等指标的考核体系，提高其开展和利用专业物流服务的自觉性和能力，培育绿色物流技术应用的良好环境。

三、绿色物流的标准化建设

由于企业的物流系统是由多个功能要素组成的，企业的物流运作要跨越不同的部门、行业、地区甚至国家。如果没有统一的技术标准，就很难保证物流各环节的有效衔接，难以实现企业物流的系统化和一体化运作。物流标准化工作的滞后，不仅会提高企业物流的事故率，引起货损货差，浪费资源，增加有形物污染，而且还会降低物流作业效率，扩大能耗和资源占用，增加无形物污染。因此，现有的物流标准化主要集中于以物流模数为基础的包装单元、载运工具、储存场所和装卸搬运工具的尺寸标准化，强调各环节的工具尺寸要相互衔接，相互配套，以提高物流作业的整体效率。但是到目前为止，物流工具尺寸的标准化仍然存在很多不尽如人意的地方，比如国际集装箱与铁路车辆的尺寸难以配合，托盘与集装箱的尺寸难以协调，载运工具与装卸搬运器具之间的尺寸难以统一，物流技术标准仍然阻碍着企业物流的绿色化发展。

虽然物流装备尺寸的标准化能够促进物流作业效率的提高，有利于企业物流的绿色化发展，但这种作用毕竟是间接的，对物流绿色化行为本身的作用相对有限。因此，从企业物流绿色化发展的要求看，现有的物流标准化水平还远远不够。但是，出于经济或技术原因，很多国家或地区仍然缺乏与环境有直接关联的物流标准，即便有些国家或地区制定了此类标准，也普遍存在物流标准的环境性能偏低或者执行力度不够的问题。比如，与环境有关的物流管理标准化工作刚刚开始起步，现有的标准大多也只能在小范围内发挥作用，很多国家或地区根本没有将物流管理的标准化提上议事日程，国际通行的物流管理标准更是遥遥无期，管理标准的缺失严重制约了国际物流的绿色化发展。

绿色物流必须以一定的标准作基础。只有制定了相应的标准，才能判断企业的物流活动是否达到环境保护的要求，是否真正实现绿色化。标准主要分为物流管理标准、物流装备及技术标准和逆向物流标准。物流管理标准包括物流规划与设计标准、物流绩效与评估标准、物流信息标准；物流装备及技术标准包括基础设施标准、运输工具标准、包装标准、储存标准；逆向物流标准包括回收站建设标准、可回收再利用标准、再制造成品等级标准，如图 5－1 所示。

第一，物流规划设计标准。物流规划设计与国际接轨，符合国际物流标准。我国物流业发展滞后，规划设计方面与物流业发达的国家相去甚远，应借鉴他们的经验，设计较为完整的物流规划，避免物流资源的浪费。

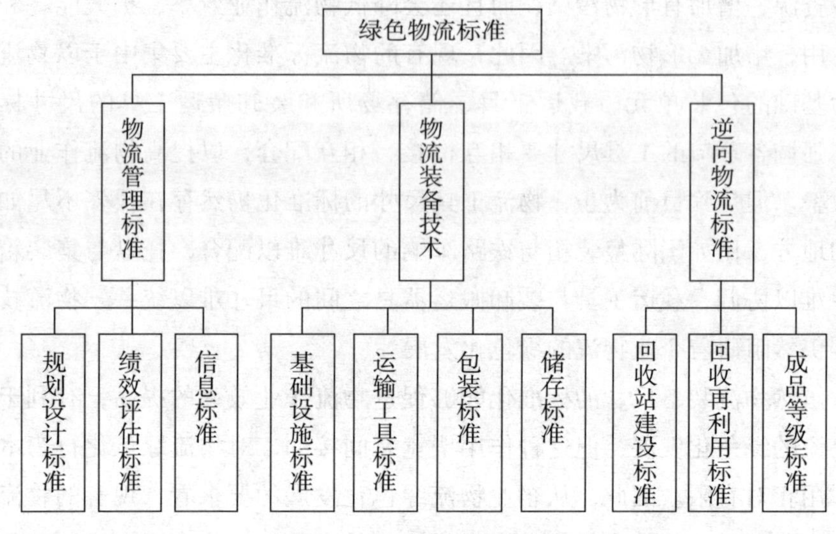

图5－1　绿色物流标准体系

第二，绩效评估标准。对物流作业的评估需要统一的标准，这样才可以用统一的标准去衡量物流业中各个企业的作业效果，具有可比性。

第三，信息标准。信息标准旨在汇集与物流信息系统相关的现有国家标准，提出待制定的相关国家标准，一方面明确标准制定工作的需求；另一方面反映现有标准化状况，为物流信息系统设计人员提供参考，为进一步采用国际标准和国外先进标准提供支撑，它有助于物流活动的社会化、现代化和合理化发展。

第四，基础设施标准。物流基础设施建设必须符合一定的标准，保证设施质量将折旧降到最低点，使有限的资源得到充分的利用。

第五，运输工具标准。包括车速标准、安全标准、设备规格、使用的燃料标准、尾气排放等。运输工具采用统一的标准有助于提高作业效率，如集装箱转换时，采用统一的标准保证集装箱顺利装卸，而且依据不同的货物选择不同的运输工具，保证运输质量的同时也避免了资源的浪费。

第六，包装标准。包装实行标准化，一方面有助于货物的装卸搬运，使整个过程更加流程化；另一方面避免过度包装的情况发生，不但节约了资源而且起到一定的环保作用。

第七，储存标准。仓储标准化为的就是保证货物的质量和安全，生鲜货物、危险品货物对仓储的条件要求很高，而且要注意防火、防鼠、防潮等情况，保证货物的安全存放，避免意外发生造成更大的损失。

第八，回收站建设标准。北京市甚至是全国对于回收站的建设始终都未有一个标准，目前的回收站主要都是流动性的废品回收处，不成规模，而且废品的回收利用率很低，很大一部分没有利用直接就处理掉了，这样不利于回收物流的发展，所以对回收站的建设需要一个统一的标准进行衡量。

第九，回收再利用标准。有一些旧商品是可以再次循环利用的，没有必要做报废处理，那样往往浪费了大量的资源，但是什么程度的物品可以再利用，什么样的物品直接作为垃圾来处理，需要一个标准进行评判，有利于社会的可持续发展。

第十，成品等级标准。经过回收处理的二次商品需要评判出它的等级，既有别于新商品又要让消费者明确知道此二次商品的等级指数，等级越高质量就越好。

除了上述的各项标准外，就目前的情况而言，政府应鼓励企业取得相应的绿色认证，比如取得 ISO 14000 认证。ISO 14000 作为全球通用的环境管理体系，为企业考虑有关环境的一系列问题提供了有效的科学管理模式。

四、绿色物流许可证制度

自戴尔斯提出在满足环境标准的前提下将允许的污染物排放作为许可份额，准予排污者之间相互有偿交易之后，可交易的许可证制度被用于有些国家的环境保护领域。其基本思路是环境管理部门首先确定符合环境标准的总排污量，然后确定单个的排放许可，各单位排放许可之和即为允许的排污总量。政府在进行许可额初始分配后，各排污单位可以将所分配的许可额留着自用，也可以在市场上进行交易。排污总量的确定是独立于市场的，其确定的依据是环境资源对经济发展的承载力。

第二节 绿色物流基础设施建设

物流基础设施的主要功能是解决绿色物流活动的基础平台问题，为车辆的顺畅通行提供基础保障，为各种物流活动提供基础环境。物流基础设施建设是绿色物流系统中最基本的、必须具备的组成部分。

一、交通设施建设

铁路运输的准确性高、连续性强。铁路运输几乎不受气候影响，一年四季可以不分昼夜地进行定期的、有规律的、准确的运转。铁路运输速度比较快，货运速度每昼夜可达几百千米，一般货车可达100km/h左右，远远高于海上运输。

北京地区公路运输仍是主要运输方式，在2006年北京市公路运输货运量为30953万吨，占全市货运量33547万吨的92.3%。民航运输量在各种运输方式中所占比重较低。值得注意的是，北京的管道运输在近几年来有较大发展，由2002年的194万吨增加到2006年的549万吨，年均增加29.7%。与此同时，由于北京加强了空港建设，北京航空运输量虽然总体规模较小，但发展速度较快，势头较猛，航空货运量由1986年的6万吨增加到2006年的89万吨，年均增加14.4%。

二、物流信息网络建设

物流信息网络提供了综合供应链解决方案，为供应链上的物流企业带来更大的价值。它是在解决企业物流的基础上，整合社会资源，实现物流信息充分共享和社会物流资源充分利用，同时发挥政府职能，成为推进物流系统发展的切入点。物流信息网络通过对物流共享数据的采集和公共信息交换，为用户提供基础信息和相关需求信息，保证用户各种功能的实现。物流信息平台的有效集成可以为物流服务提供商和货主、制造商提供统一高效的沟通界面，将聚合在一起的需求，以最优的资源整合和路径选择来加以满足，降低运营费用。因此，物流信息网络主要用来实现不同行业和企业之间、政府各职能部门与企业之间进行的 EDI 及各类数据信息交换过程的标准化转换功能，以便更好地支持异构系统互联，以及不同行业和不同格式数据之间的相互交换与分享，达到打破物流信息共享瓶颈的目的，实现物流信息的无障碍交换与传输。

三、逆向物流中心建设

泛北京地区废旧物品回收站目前仍处于规模小、分散广、流动性强的状况，对回收物品在处理能力较弱，多数只是出于一种仓储模式，无法实施分拣、再利用等功能。因此，建立回收物品处理中心极为重要，它是逆向物流高质量运营的物资基础。就目前情况而言，跨国公司的配送中心都设有专门的退货集中地，将所有要进入逆向物流通道上的物品送至中心。首先是将回收物品进行合理分类；其次对该物品是选择再出售还是选择废弃做出判断；再次找到一个最合适的处理方式，从而实现从回收物品获取最大化利润；最后将分散的各个物品送至最终目的地。在制造商看来，集中式回收物品处理中心模式好处是明显的。第一，由于处理过程是标准化的，可以改进货流商品的认可制度，提高回流处理质量，压缩处理时间；第二，便于应用逆向物流信息系统，加快协调过程，快速完成交易，更易于了解商品回流趋势；第三，可以节省零售商的商品储存空间，改善顾客服务并作为一种营销手段来保持顾客的忠诚程度。

第三节　绿色物流金融融资渠道构建

一、政策性银行金融扶持

政策性银行金融机构主要对中小型物流企业资金使用期限较长、风险较大以及难以从商业银行得到贷款的项目进行支持。并且，贷款与否决定于中小物流企业项目本身的可行性、企业对贷款的偿还能力和担保条件等。由政府持有全部资本，主要向中小物流企业提供融资服务，鼓励中小物流企业更新设备、开展研发等活动。

二、鼓励发展融资租赁业

融资租赁又可分为简单租赁（固定期限、固定利率、固定成本、每期租金相等的一般性融资租赁）、变通租赁（适应承租人实际的经营状况，满足承租人的还款条件，减少租赁风险。支付租金方式主要根据承租人的现金流量动态流动情况，将支付的租金按租赁利率折成现金，抵减融资成本的方式回收租金；没有固定的融资期限，根据承租企业现金净流量的状况，确定大概的租期直至折现将所有的成本回收回来）、经营性租赁（融资租赁发展的高级阶段）、租赁创新（采用多种灵活方式，开发融资租赁新产品）、风险租赁（不仅给承租企业提供融资租赁服务，还参与承租企业的经营）等。

融资租赁作为一种灵活、有效的融资方式自20世纪50年代诞生以来，已获得飞速发展，成为社会的朝阳产业。过去，中小物流企业主要通过非正规融资、供货商信贷（赊账）和内部积累资金，发展缓慢。现在，租赁成了一种可行的融资手段，租赁公司作为中介从金融机构融资，又投向风险较高的中小型成长企业，架起了中小企业与金融机构的桥梁，促进了中小物流企业对绿色物流的发展。对中小物流企业，融资租赁优势很明显，表现在：

第一，程序简单、融资门槛低。中小物流企业由于自身原因，向银行借贷缺乏信用和担保，很难从银行取得贷款；融资租赁信用审查的手续简便，融资和融物为一体，大大节约了时间，使企业能在最短的时间内获得设备使用权，进行生产经营，迅速抓住市场机会。融资租赁中，中小物流企业只要支付相当于融资额20%的保证金就可得到固定资产的使用权。

第二，租约灵活、融资风险较低。银行采取的贷款方式一般为整笔贷出，整笔归还；而租赁公司不同，根据企业的资金实力、销售季节性等，为企业量身定做了灵活的还款程序。例如，延期支付，递增和递减支付等，使承租人能够根据自己的企业状况制定付款额。租金的支付可在设备的使用寿命内分期摊付，而不是一次偿还，可以减少不能偿付的风险，也减少了一次性资金的投入，从而降低了投资风险。

第三，单独核算、百分之百筹资。融资租赁是表外融资的一种，不体现在企业的资产负债表中。一般贷款则全部体现在企业的资产负债表中，企业的资信状况就会受到影响。这对于需要多种渠道融资的企业，尤其是中小物流企业来讲，是非常重要的。在一项投资中，租赁可以抵消掉最高达100%的融资成本，无须动用权益资本，也无须额外的债券。

第四，促进销售、提高工作效率。融资租赁把融资和融物（采购）两个程序合二为一，减少了许多中间环节，尤其是利用租赁的特性，规避了许多用直接购买方式必须层层报批或立项等烦琐的程序，提高了工作效率。越来越多的企业自觉通过租赁而不是一味地通过直接卖出来实现销售。

第五，自主性强、及时更新设备。根据融资租赁的特点，企业可以根据自身需要，事先选定某特定规格、数量、类型的设备，请租赁公司出资买下，然后再租用。这样就可以改善企业的技术装备，提高劳动生产率。因此，融资租赁能帮助企业及时更新技术装备，迅速采取新技术，提高能源使用率，降低废气、废物的排放。随着科学技术不断进步，设备陈旧过时的风险大，而多数租赁协议规定由出租人承担这种风险，因而承担企业可免受这种风险。除此之外，融资租赁可以避免长期借款筹资所附加的多种限制性条款，为企业经营活动提供了更大的弹性空间。

三、加强信用担保建设

泛北京地区中小型物流企业发展绿色物流目前主要的金融需求就是融资问题，主要的关注焦点是能否融到资，难以融到资的主要原因是可抵押资产缺乏，主要的突破口是担保方式创新。为提高中小物流企业信用担保能力，分担中小物流企业的融资风险，政府应该建立中小物流企业信用担保机构和信用保证制度。政府可以为中小物流企业投资高风险和开发落后地区的项目提供担保，其目的是为中小物流企业提供较为公平的贷款环境，最高担保额是贷款额的80%。

四、设立担保银行

担保银行是信贷金融机构，主要由物流行业商会、银行和储蓄银行、保险公司等构成，各省市的担保银行在法律及经济上是独立的，它们之间不是竞争的关系，而是在自己省市的范围内运作。中小物流企业若需要长期投资贷款却不能提供足够的贷款担保，则担保银行可以提供损失担保（银行担保），贷款担保的重点是合理化发展绿色物流事业的融资。担保银行的担保具有双重功效：不仅通过提供担保使中小物流企业获得商业银行的贷款，而且由于它们的经营计划在申请担保过程经过了额外的严密审查，也就是“过滤”过了，这使企业获得了额外的成功保障，因此，担保银行也同样是一个咨询机构。

第四节　政府绿色物流促进策略

政府要采取措施全面引导，使物流企业绿色化顺利进行。要大力加强对物流绿色化的政策和理论体系的建立和完善，实现物流系统的整体最优化和对环境的最低损害，保护环境和可持续发展政策，提高我国物流管理水平。政府对物流体制的管制集中体现在发生源管制、交通量管制和交通流管制三个方面。发生源管制主要是制定相应的环境法规，对废气排放量及车种进行管制，制定相应的政策，促进使用符合限制条件的车辆，普及使用低公害车辆。交通量管制主要是对运输合理化进行指导，促进企业选择合适的运输方式并加强物流配送中心的建设等。交通流管制主要是建设环状道路，促进道路与铁路的立体交叉，加强交通管理系统的现代化建设等。

一、全面引导，统一管理，加强政府的管理功能

我国物流业较发达国家形成晚，各方面都还存在较大差距。人们对物流的认识尚不全面，绿色物流在我国更是处于起步阶段，人们对它的认识就更为有限。这就要求政府加大“绿色意识”的宣传力度，从思想上改变

人们的传统认识，在全社会树立绿色物流理念，形成“绿色需求、绿色服务”的整体氛围。在形成“绿色服务”观念的大环境下，积极鼓励并全面引导企业走绿色物流的道路。针对我国现代物流的运作跨越不同的行业和地区，管理属于不同的部门而缺乏统一领导的情况，首先应建立必要的政府部门协调机制，用制度来统一管理活动，其次可以在当前政府机构改革中明确设立物流部门，全面规划物流的发展。

在绿色物流起步阶段，政府应给予高度重视，不仅要采取措施全面引导，还应在政策法规方面予以健全，以确保绿色物流能够顺利推进。借鉴发达国家的实践经验，政府可以从如下几方面制定政策法规，促进绿色物流的建立和发展：

（一）完善基础设施建设

要对物流事业进行绿化改造，就必须正视物流现状，在合理配置现有资源的基础上，大力发展基础设施建设，完善设计物流基础设施的配套和网络构筑，避免或减少重复建设和人为浪费。通过公路与铁路的立体交叉发展，建立城市中心环状道路、制定道路停车规则以及实现交通管制系统的现代化，减少交通阻塞，提高配送效率。

1. 实行多式联运

多式联运是由两种及其以上的交通工具相互衔接、转运而共同完成的运输过程，也称为复合运输，我国习惯上称之为多式联运。《联合国国际货物多式联运公约》对国际多式联运所下的定义是：按照多式联运合同，以至少两种不同的运输方式，由多式联运经营人把货物从一国境内接运货物的地点运至另一国境内制订交付货物的地点。在整个运输过程中，通过物联网进行信息的传递，实现全程货物监控。

目前，北京地区没有专用的货运机场；公路、铁路、航空各自独立发展，互不衔接；公路和铁路货运场站、装卸点规模较小；铁路、公路建设与场站建设互不衔接；民航、铁路货运占货运总量比例过低，公路、铁路、民航的格局有待变化。北京市应该充分利用先进的信息技术、数据通信传输技术、电传感技术、电子控制技术以及计算机处理技术，有效地集成运用于整个地面运输管理体系，建立起一种在大范围内、全方位发挥作用的实时、准确、高效的综合运输和管理系统，即职能运输系统。

2. 合理规划物流节点和路径布局

物流中心是综合性、地域性、大批量的物资位移集中地，它集商流、物流、信息流和资金流为一体，具有综合性、地域性、高效性的特点，成为产销企业的中介，是整个物流企业的灵魂所在。为此针对我国现代化的物流中心建设迟缓的情况，应充分利用城市物流设施和基础建设齐全、消费集中而且需求量大、交通与信息发达的特点，合理规划城市物流园区，建立现代化物流中心，可以解决城市的交通拥挤、环境污染等问题，然后带动周边地区、中小城市和农村的繁荣发展，从而形成一个有机的物流体系，对于促进城市物流的“绿色化”发展具有重要的意义。这样，物流中心就充分利用了资源，形成较高的经济效益。

就北京而言，物流园区的具体位置与北京城市物流的方向性组成应基本一致，同时要考虑到多方式联运的可能性。结合北京市的实际情况，北京市的物流园区应该在两个层次上构建，一级物流园区和二级物流园区。一级物流园区应该主要分布在放射性公路主干线和六环路交会处，尽量靠近卫星城、边缘集团和工业科技园区等，二级物流园区应该主要分布在城市主干道与五环交会处。通过合理规划和构建物流园区，可以保证城市的物资供应，减少货运交通量，降低环境污染。

3. 提高物流现代化水平

引进先进的设备，提高机械化、自动化水平。先进的设备能够有效地代替简单重复的手工作业以节约人力资本，提高效率。所以我们应积极改进设备，提高机械化水平和自动化水平（如在物流中心使用自动化的搬运设备），使绿色物流在更广泛的领域获得发展。

积极采用集装箱运输，体现绿色物流节约资源的本色。集装箱运输具有运输量大、封闭性能好、装载效率高的优点，它不仅可以充分利用运力，而且可以防止任何形式的物质泄漏和遗撒，从而有利于环境保护。例如，一个 40 英尺集装箱最大总重量可达 30480 千克，这是一般公路货运车辆不能比拟的。北京市尚没有形成完整的集装箱运输体系，更缺乏大型集装箱中转站，即使规模较大的天安门货运站，也由于受地理位置的限制，不大可能再扩大发展。据统计，全球集装箱货运量占全球货运总量的65%，而我国这一比例还不到30%。北京铁路局的资料表明，目前集装箱运输量占铁路运输总量的2.4%，其中绝大多数还是没有和国际贸易接轨的小型集装箱，而国际普遍采用的40英尺集装箱在铁路运输中只占0.28%。在北京应选择方便铁路运输、公路运输的适当地点，改建或新建一处或两处联络国际国内海运的铁路集装箱和铁路、公路联运集装箱的物流中心，从而有效地节约资源，保护环境。

（二）利用先进技术，加强信息化建设，建设绿色物流发展的网络平台

正是有了信息技术，逆向物流、共同配送等发展绿色物流的重要措施才得以克服高成本而实现，并且在更广泛的领域内实现资源共享。网络技术的发展，通过电子商务，使物流渠道由原来的“金字塔型”转变为扁平型，有效地缩短采购周期，节约大量流通成本。所以我们要引导企业利用先进的信息技术和管理技术，加强条形码、电子数据交换、全球定位系统等先进技术的应用，推进网上物流信息和商务平台的建设，绿色物流也就在成熟的网络平台上有广阔的发展空间。

（三）合理选用运输工具，控制污染

控制物流中的污染源，从政策角度规范运输工具的使用，限制运输工具的排污量，强制取缔超标运输工具；限制交通量的增加，充分发挥政府指导作用，促进企业选择合适的运输方式，发展共同配送，统筹建立现代化的物流中心，最终以有限的交通量来获得更高的物流效率。

二、完善政府规制型的绿色物流政策、制定积极的财政政策

我国自20世纪90年代后半期以来开始不断强化对污染发生源的控制。北京市为治理大气污染发布了两阶段治理目标，不仅对新生产销售的车辆

制定了严格的排污标准，而且对在用车尾气进行治理。同时，政府还将充分发挥经济杠杆的作用，根据机动车的排污量来收取排污费，经过治理的车辆污染物排放量会大大降低，交纳的排污费也会相应减少很多。

仅有政府的单方面倡导是远远不够的，绿色物流的实现主要依赖于物流企业的配合。企业在生产中产生废弃物是一种必然现象，有些废弃物可以通过回收处理循环使用，但有些废弃物回收后对企业没有利用价值，企业回收这部分废弃物，势必产生大量成本，造成企业利润降低，甚至亏损。因此，政府应当采取适当措施对相关企业予以扶持，可以给予适当的奖励或补贴。

政府规制虽然具有严肃性、可操作性的优点，但缺乏刺激企业自觉控制污染、实行绿色化经营的动力，对已达到环保标准的企业的作用减弱甚至失去作用。因此，为了促进绿色物流的发展，政府还必须建立有效的绿色激励政策，主要通过经济杠杆来激励和引导物流主体的行为，使其在经营活动中向绿色化方向发展。激励政策主要有：

（一）税收政策

对于污染排放行为征税，对绿色环保行为给予税收优惠，通过税收政策可以起到激励企业绿色经营行为的作用。对企业绿色物流活动，政府应根据物流绿色化过程中的投入与收益进行税收减免，例如，对环境表现出色的企业实行低增值税率，或者对满足绿色生产/服务要求的企业，返还部分所得税，以鼓励其绿色经营行为。企业进行的绿色投资具有很强的外部效应，其绿色投资除享受国家企业所得税法的有关规定之外，还可以相应制定更为有力的税收优惠政策。税收政策可以包括对不可再生资源征收重税；对使用原生材料征税；对回收再循环给予税收优惠；对清洁车辆和清洁燃料的使用予以税收优惠；对铁路运输和水路运输给予税收优惠；等等。

（二）绿色补贴政策

从社会公平和经济公平的角度来看，实施绿色物流的企业对资源环境的维护，为地区、国家的可持续发展提供了保障条件，相应地，企业也为此付出了代价与成本，但是这种代价和成本在市场条件下是难以得到补偿的。因此，政府必须建立一种补偿机制，对这种具有公共物品性质的产品的正外部性予以补偿。一种行之有效的办法就是对积极采用先进环保设备、清洁能源以及积极实施资源循环利用的企业实施“绿色补贴”政策。补贴的方式包括物价补贴、企业亏损补贴、财政贴息、对污染或减少污染的设备实行加速折旧等。

（三）政府采购

政府不仅是环境保护的调节者和推进器，也是环境保护的购买者。政府应该行使自己的权利，购买绿色产品和绿色服务，从而对实行绿色行动的企业起到经济刺激的作用。利用政府采购的规模优势和导向作用，能够对社会、经济发展目标的实现进行调节和控制。政府采购可以通过以下几方面采购倾斜措施来促进绿色物流的发展：第一，优先购买具有绿色标志的产品和包装，促进绿色包装和资源缩减目标的实现；第二，优先选择通过 ISO 14000 体系认证的物流企业提供的物流服务，促进物流企业环境管理水平的提高；第三，采购再生资源产品，鼓励资源的回收和循环利用，促进逆向物流的发展；第四，优先选择绿色运输方式，例如铁路运输、水路运输和清洁车辆的运输，促进运输绿色化的发展。

（四）培育市场，扩大投资来源

泛北京地区在财政上对绿色物流业给予积极支持，在税收中属于北京地区财政收入的部分，采取转移支付的方式，对处于北京地区物流网络发展关键节点上的网络化经营企业、物流基础设施经营企业，给予发展所需的资金支持。

由北京市政府出面，配合自治区物流系统建设，积极争取自治区配套的物流基础设施的投资支持，以扩大物流发展的资金来源。此外，对纳入国家物流发展规划和各种运输方式发展规划的物流设施，要积极争取国家及行业管理部门的投资支持。

三、绿色物流的监督与约束

绿色物流是可持续发展的物流，需要各个社会主体积极的参与和共同监督。

（一）政府监督

政府应该在物流领域中建立一个比较权威的物流机构专门负责泛北京地区物流企业的发展规划，并且与环保部门合作共同监督物流企业对环境的破坏。采取定期抽查手段，对违反规定的企业要予以一定的处罚，屡教不改的对其实施相应制裁，甚至暂停整改；情节严重的取消从事物流行业资格，只有建立起足够的威信才能从根本上推动绿色物流的发展。当然对于积极发展绿色物流的企业可以颁发荣誉牌匾，以表彰其为发展绿色物流所作的贡献，同时也可以提高企业的公众形象。除此之外，对积极发展绿色物流的企业给予政策上的优惠作为鼓励。

（二）公众监督

公众环境意识是企业物流绿色化发展的所有外部压力之源泉：社会公众的监督力量与其环境意识成正比，供应链的激励与消费者的环境意识密切相关，绿色壁垒就是各国政府代表本国民众对进口商表达的环境意识，政府监管是全体公民环境意识的刚性要求。总之，社会公众的环境意识和着力推动是企业物流绿色化发展的原始动力。如果公众对于环境污染的产生和处理无动于衷，那么企业和政府的努力也将事倍功半或者收效甚微。

积极贯彻人民监督员制度，政府部门监管的视线有限，把监督权交给百姓以权利制约权力，这是实现绿色物流监管的必由之路。政府部门开设投诉电话、信箱及网络举报，积极响应人民的投诉，对于实名举报的案例要优先处理，如此一来可以保证绿色物流的稳步发展。

（三）行业协会监督

泛北京地区的物流企业众多，将占据市场份额较大的和实力较强的物流企业组成物流行业协会，物流行业协会是物流业的领头人，其各个物流企业达成合作发展绿色物流的共识，签署积极发展绿色物流的协议，这样可以有效发展绿色物流。行业内物流企业之间可以互相监督，除此对那些非行业内的物流企业也进行监督，政府部门可以根据行业协会的业绩表现进行表彰或者对其给予优惠政策以此作为鼓励。

第五节　企业绿色物流发展策略

在当今的绿色浪潮下，物流企业选择绿色物流的发展模式是必然趋势。企业是绿色物流的主要实施者，物流绿色化归根结底就是物流企业营运的绿色化，广大企业应加强绿色经营意识，从物流的各个环节上实施物流绿色化。在物流活动的各个过程中发展绿色物流，树立企业的绿色形象。

一、树立全局绿色物流意识，各物流环节“绿色”化

公众的环保意识淡薄，会成为绿色物流发展的外在障碍。绿色物流是可持续发展的物流，需要广大公众的积极参与。要积极开展公众的绿色教育，使公众了解环境问题的严重性和有关绿色法规，了解实施绿色物流的优点。积极倡导绿色消费，通过绿色消费方式倡导企业实施绿色物流管理，形成绿色物流的氛围。

企业不仅仅要考虑自身的物流效率，加强绿色意识，还必须与供应链上的战略合作伙伴协同起来，从整个供应链的视野来组织物流，建立起绿色供应商、绿色生产商、绿色批发商、绿色零售商和绿色消费者在内的绿色物流系统。物流企业实施绿色物流管理应从物流的全过程入手，注意环节实现物流功能的绿色化。

企业可以从以下几方面抓绿色物流建设：引进低公害运输工具，降低运输工具的能源消耗，减少排污量；采用无公害、可循环或可再生的包装材料，节约成本，降低环境污染；简化流通环节，制订合理的运输配送计划，减少运输工具空驶率和交错迂回运输；加强仓储管理，尽量减少库存

及库存损失；选择与本企业绿色能力和企业信誉相当的中间商，全面实现绿色物流。

二、树立企业绿色形象，发展绿色运输体系

物流企业应充分利用发展绿色物流的优势，以“绿色”服务为品牌，广泛树立企业的绿色形象，提高企业的社会地位，形成良好的公众舆论效应，借以增强企业竞争力。比如，企业可以在产品包装上加注相关的“绿色”标志，或者申请 ISO 14000 标准认证，以吸引更多客户，为企业创收。

运输作为物流活动中最主要、最基本的活动之一，运输对能源的消耗巨大，而且排放的尾气对环境产生污染，为实现社会的可持续发展，绿色运输应运而生。所谓绿色运输就是为了缓解交通拥堵、减少环境污染、降低能源高消耗，将货物准确送达目的地而采取的对运输源、运输量、运输流的规划体系。通过对运输路线进行合理布局与规划、缩短运输路线、提高车辆装载率等措施，实现节能减排的目标，同时还要注重对运输车辆的养护，使用清洁燃料，减少能耗及尾气排放。

绿色运输主要表现为降低运输拥堵、减少环境污染，具体表现在以下几个方面：降低高污染车辆的使用率；提倡使用清洁能源或可再生的燃料，发展绿色交通运输工具；控制装载设备的资源消耗；降低固定资产折旧；强化汽车尾气排放标准，减少汽车尾气排放；加强交通管制、优化交通道路设计、减少运输车辆的堵塞；降低噪声产生的污染等。因此，在改善生态环境、节约能源、提高资源的利用率，降低物流成本等方面，发展绿色运输的意义重大。

为解决传统意义上的运输所带来的一系列弊端，通过对物流节点的合理规划，优化运输路线，选择合适的运输工具和运输方式，构建有利于环境保护的运输系统，在运输为辽宁经济发展作贡献的同时使之给环境带来的负面影响降到最低，积极发展环境运输共生型的绿色运输，是社会可持续发展的重要基础，将绿色理念融入到生产制造、产品分销中来共同打造成一个资源节约型、环境保护型的绿色系统。实施绿色运输管理的主要措施有：

（一）改进现有能源

科技可以提高效率，在人们忙于寻找替代能源的同时，改进现有的能源也同样重要。20 世纪 90 年代，我国就出台了一系列致力于环境保护的政策和法规，以治理机动车对大气的污染为例，北京市发布了两阶段治理目标，不仅对新生产销售的车辆制定了严格的排污标准，而且对再用车进行治理改造，在鼓励提前更新的同时，采取限制行驶路线，增加车辆检测频次，加装点火延迟阀等措施治理汽车尾气。今后政府要充分发挥经济杠杆的作用，使用收取排污费等方法治理大气污染严重超标的状况。

今天人们对于石油的利用可以说已经达到登峰造极的地步，技术比较成熟，基础较雄厚，有了良好的基础就要在这个基础上进一步去改进燃油，降低能耗，减少污染物、二氧化碳的排放，我国目前已经销售国Ⅳ标准清洁燃油，希望可以沿着这条路继续探索下去。

（二）实现新能源，发展清洁运输工具

天然气作为交通工具的新动力，近几年得到飞速发展，而且得到成型的发展。天然气公交车的 CO_2 排放量比普通公交车减少 20%，天然气是清洁燃料，燃烧后只产生 CO_2 和水。

泛北京地区的地铁和轻轨，主要服务于百姓的日常出行，如果可以运用轻轨进行配送，有效降低尾气排放。另外，在夜间发挥轻轨的配送能力，既不会影响百姓白天的日常出行，又可以降低噪声污染，这是一项大胆的尝试，需要进行调研论证。应该有专门运输企业使用专门运输工具负责运输专门的物品，如冷藏、冷冻物品、生鲜产品及特定的危险品，对于运送的危险品要制定应急保护措施，防止发生意外对环境造成污染。

（三）配送中心合理布置，发展共同配送

配送中心位置科学选择，每个配送中心都会辐射一片区域，将多个物流配送中心位置合理融合，构成“蛛网配送”，为共同配送打下基础，同时充分发挥共同配送优势，减少配送路线，提高运输效率以降低货损量和

货运量，这样可以有效降低汽车尾气排放。

共同配送作为绿色物流的发展策略之一，其功能包括以下两点：

1. 从多点到一点

很多第三方物流服务公司都提供共同配送服务，而且通过与ECR（有效消费者响应）和连续补货方式相联系，更显现出其独特之处。尤其在零售业共同配送非常流行，因为零售业的一个重要特点就是产品种类多，因此一个零售商要由很多的供货商向其供货。

共同配送虽然具有很多优点，但其运作也较复杂，它不仅仅是将几家零售商的货物装到一辆车上，还需要做很多技术上的工作。它需要第三方物流服务商提供更多的技术和管理系统来对由多个供应商所提供商品组成的订单进行优化从而形成整车运输。此外，实现共同配送的另一个前提条件就是第三方物流服务商同样要有同一行业的大量客户。

2. 可以做到最小风险，最大柔性

共同配送已经形成了一个潮流，而且它的广度与深度已经超越了整合运输的简单形式，随着经济的发展，很多公司都努力扩展自己的业务、开拓新的市场，进入其他的产品市场。但是，在进行投资之前这些公司都非常谨慎，希望投资风险尽量减小，基于此方面的原因，很多公司采取了共同配送的运作形式。

共同配送可以帮助厂商对市场需求做出快速反应，由于共同配送避免了厂商在仓库等建筑物、物料搬运系统设备、人工以及支持性的信息系统这些方面的投资，又能及时满足客户的需求，因而受到厂商等客户的欢迎。因为对于厂商来说采用共同配送所需的成本只是实际的货运量带来的变动成本，节省了固定成本，因此他们可以用节省下来的资金投资于自己的核心业务活动如产品开发。

（四）选取优秀的货车司机

卡车运输也可以通过彻底执行环保驾驶而为减轻环境负荷作出贡献。本田的所有运输车辆都装备有数字转速表，把握驾驶员的驾驶状况，谋求推进向驾驶员传达驾驶改善点等的环保驾驶。选拔技术过硬、有责任心的驾驶员不但保证运输安全，而且可以尽量保持匀速行驶，用他们丰富的驾驶经验可以省下许多燃油，进而减少了汽车尾气，既保护环境又节约成本。

（五）采取联运运输方式

联运是指吸取铁路、汽车、船舶、飞机等基本运输方式的长处，把它们有机地结合起来，实行多环节、多区段、多运输工具相互衔接进行商品运输的一种方式。这种运输方式以集装箱作为连结各种工具的通用媒介，起到促进复合直达运输的作用。由于全程采用集装箱等包装形式，可以减少包装支出，降低包装物污染及运输过程中的货损、货差。复合一贯制运输方式的优势还表现在，它克服了单个运输方式固有的缺陷，从而在整体上保证了运输过程的最优化和效率化；另外，从物流渠道看，它有效地解决了由于地理、气候、基础设施建设等各种市场环境差异造成的商品在产销空间、时间上的分离，促进了产销之间紧密结合以及企业生产经营的有效运转。这种运输方式以集装箱作为连结各种工具的通用媒介，起到促进复合直达运输的作用。

（六）大力发展外包物流

外包是由供方与需方以外的物流企业提供物流服务的业务方式。发展外包物流，即由这些专门从事物流业务的企业为供方或需方提供物流服务，可以从更高的角度、更广泛地考虑物流合理化问题，简化配送环节，进行合理运输，有利于在更广泛的范围内对物流资源进行合理利用和配置，避免自有物流带来的资金占用、运输效率低、配送环节烦琐、企业负担加重、城市污染加剧等问题。专业物流企业的出现将使货运车量减少，从而缓解物流对城市环境污染的压力。除此之外，企业对各种运输工具还应采用节约资源、减少污染的原料作动力，如使用液化气、太阳能作为城市运输工具的动力，加快运输工具的更新换代。发展物流业务外包，可以简化配送环节，对物流资源进行合理利用和配置，减少运输车量，提高运输效率，降低废气和噪声污染，是有旺盛生命力的现代物流方式。

三、加强绿色仓储管理

仓储过程本身会对周围环境造成一定的影响，如保管、操作不当引起货品损坏、变质甚至危险品泄漏等；此外，不合理的仓库布局也会导致运输反复性或运输的迂回。

所谓绿色仓储，是指以环境污染小、货物损失少、运输成本低等为特征的仓储。一方面要求仓库布局合理，以减少运输里程、节约运输成本。假如仓库布局过于密集，会导致运输次数的增加，从而造成能源消耗的浪费，导致污染排放物增加；相反布局过于松散，则会降低运输的效率，提高了空载率。另一方面仓库的建设必须是节能的、环保的，如在白天仓库内无须再借助灯光，尽可能增加自然光的应用率，节约电能；房顶的采光板应该保证足够的强度下，采光板的熔点需低于房顶的材料，如果遇到火灾等情况的发生，这些材料会先于熔解，将火灾产生的烟及有害气体可以迅速地排出；夜间的照明设施可以采用节能灯，在电能方面根据当地实际条件可以运用风力发电或者太阳能发电等；另外仓库还可以设立雨水收集装置，将在房顶或者仓库附近区域的雨水收集起来，方便日后利用等。

加强绿色仓储管理要求以下几点：

第一，仓库选址要合理，有利于节约运输成本。在仓库的选址问题上要保证科学性，在建设前可以评估对当地环境的影响程度，对当地人们生活的影响程度，像易燃易爆物品应该严加看管，尽可能远离居民区以保证当地人们的生命安全。过于密集，会增加能源消耗，增加污染物排放；过于松散，则会降低运输效率，增加空载率。仓库布局要总体规划，依据企业可持续性发展战略要求，做到绿色仓储化。

第二，仓储布局要科学。使仓库得以充分利用，实现仓储面积利用的最大化，减少仓储成本。

第三，仓库建设前应当进行相应的环境影响评价。充分考虑仓库建设和运营对所在地的环境影响，对于易燃、易爆商品不应放置在居民区，有害物资仓库不应安置在重要水源地附近等。

四、绿色包装体系发展战略

绿色包装（Green Package）是指以天然植物或有关矿物质为原材料制成的、可以循环和再生利用、易于降解、符合且可促进可持续性发展的，在整个产品生命周期中对生态、环境、人畜等无害的一种环保型包装。包装绿色化可以减轻环节污染，保持生态平衡；它顺应了国际环保法制趋势的需要，是 WTO 及有关贸易协定的要求，是绕过新的贸易壁垒的重要途径之一。绿色包装主要包含两层含义，一是包装应用上要节省材料、设计上达到利用最大化；二是包装的材料要能够循环使用、再利用或可降解、腐化且在产品全生命周期中对人类健康及生态环境负面影响降到最低。

首先，实现包装的模数化。确定包装基础尺寸的标准，包装模数标准确定以后，各种进入流通领域的产品便需要按模数规定的尺寸包装。模数化包装利于小包装的集合，利用集装箱及托盘装箱、装盘。包装模数如能和仓库设施、运输设施尺寸模数统一化，也利于运输和保管，从而实现物流系统的合理化。

其次，包装趋向于大型化和集装化，有利于物流系统在装卸、搬迁、保管、运输等过程的机械化，加快这些环节的作业速度，有利于减少单位包装，节约包装材料和包装费用，有利于保护货体，如采用集装箱、集装袋、托盘等集装方式。

再次，包装多次、反复使用和废弃包装的处理。包装应具有适宜的功能，对被包装物和人体健康安全无害；采用通用包装，不用专门安排回返使用；减少一次性包装容器，提倡使用周转包装，可多次反复使用，如饮料、啤酒瓶、食盐吨装袋等；梯级利用，包装容器用后易于拆解，易于折叠和压缩体积，以方便回收运输，提高运作效率，一次使用后的包装物，用毕转化作他用或简单处理后转作他用；复合包装材料应具有回收后能分离成单组分材料的性能，以便能够再利用，对废弃包装物经再生处理，转化为其他用途或制作新材料；包装节省资源和能源，造成的废弃物要最少，包装废弃物填埋后能自然降解，不对环境产生污染；可燃包装废弃物能够被焚烧回收热能，但不可产生氯化氢、二恶烷等有害气体，不可产生钛、锑、镉、铬、铜等重金属对环境造成污染。

最后，开发新的包装材料和包装器具。趋势是包装物的高功能化，用较少的材料实现多种包装功能。目前有很多新的包装材料和包装容器涌现如来，如用硬板纸作为托盘盛放重物，用塑料充气包作为衬垫包装容器等，这些都可以大大的节约资源，同时保证货物在运输过程中的良好状态。

五、实施绿色流通加工管理

流通加工是指为完善使用价值和降低物流成本，对流通领域的商品进行的简单加工，以使其成为更加适合消费者需求的最终产品。流通加工具有较强的生产性，也是流通部门对环境保护可以大有作为的领域。绿色流通加工管理主要包括两个方面措施：一是变消费者分散加工为专业集中加工，以规模作业方式提高资源利用效率，减少环境污染，如饮食服务业对食品进行集中加工，以减少家庭分散烹调所带来的能源和空气污染；二是集中处理消费品加工中产生的边角废料，以减少消费者分散加工所造成的废弃物的污染。如流通部门对蔬菜集中加工，可减少居民分散加工垃圾丢放及相应的环境治理问题。

六、逆向物流、绿色废弃物物流发展战略

21 世纪的物流运作必须有利于有效利用资源和维护生态环境。而物流企业在运作过程中必然会产生大量的废弃物，这时需要企业建立废弃物的回收再利用系统，对其所形成的废弃物进行回收处理，减少废弃物对环境产生的污染。这种回收再利用过程的物流与正向物流相对应，二者结合即形成了物流系统的循环运作。当然，从整个物流系统来看，仅靠企业自身物流的效率化是远远不够的，企业间应形成有效的组织协调，从现代物流管理和整个供应链的角度来组织物流，构筑整个供应链上的绿色物流。

我国将逆向物流分为两类，即回收物流和废弃物物流。回收物流是指将返修及退货的产品、使用后的包装容器等从需求方返回到供应方所形成的实体流动的过程。对回收品再利用的方式划分为四种：无须事先经过处

理而可以直接再利用的过程；通过事前初处理可以再利用的过程，但是其再利用率会伴随着下降；将回收品分解提取相关原材料，对这些原材料进行回收、处理及再利用。保持回收品的原状及功能，进行一定的修复程序将原先功能丧失的物品重新再利用起来，达到继续使用的过程。尽管回收品再利用的方式不同，但是其回收的流程大同小异主要包括物品及包装材料的收集、筛选检验、再利用处理、终端销毁、再配送等相关流程这些流程既可以在独立的场所内处理，又可以在综合处理场内处理，如区域预处理中心。

强化废弃物物流管理。废弃物物流是指将经济活动中失去原有使用价值的物品，根据实际需要进行收集、分拣、加工、包装、搬运、储存，并传送到专门处理场而形成的物品实体的流动过程。废弃物物流的特点是，无视对象物的价值或对象物没有再利用价值，仅从环境保护出发，将其焚化化学处理或运到特定地点堆放、掩埋。为降低废弃物物流，需要实现资源的再使用（回收处理后再使用）、再利用（处理后转化为新的原材料使用），为此应建立一个包括生产、流通、消费的废弃物回收利用系统。通过在各大城市建立维修、回收两者兼有的废旧物回收中心，以方便废旧物资源的回收利用，对回收物品的处理，总的原则是循环再利用，充分挖掘废旧物内在的用途，不能用的也要回收其能源，这大大缓解废旧物对生态环境的污染。

七、加强对绿色物流专业人才的培养

绿色物流作为新生事物，对人员的素质要求较高，物流的现代化离不开优秀的人才队伍，发达国家的经验表明，完善的教育体系和合理的层次结构对物流产业的发展具有十分重要的推动作用。同发达国家相比，我国物流人才的培养不论在数量上还是在质量上都存在巨大差距，现有物流学科建设投入不足，专业设置不合理，人才培养不对路，导致一方面企业急需的物流人才需求得不到满足，另一方面又有大量物流专业的毕业生难以找到对口的工作。物流人才的不足仍然是制约我国物流产业现代化发展的重要障碍之一。

我国已经意识到了人才对于物流产业发展的重要意义，要实现绿色物流的目标，培养和造就一批熟悉绿色理论和实务的物流人才是当务之急。政府应大力支持和引导绿色物流科研工作，一方面要积极支持绿色物流基础理论和技术的研究；另一方面要加强企业、高等院校、科研机构之间的合作，形成产学研相结合的良性循环，加强应用性物流技术的开发和应用。在物流人才培养方面，多层次、多样化物流教育体系是保证物流产业形成合理人才结构、提高物流管理水平的决定性因素。

第一，政府应鼓励高等院校开设现代物流专业课程，包括与绿色物流相关的环境科学，开展本科、硕士、博士等多层次学历教育，为现代绿色物流培养高级管理人才和专业人才。

第二，加快推进物流师、物流员等职业资格培训认证工作。由于我国学历教育刚刚起步，人才培养需要一个过程，总量规模有一定的限制，仅靠院校培养的人才远远不能满足当前的需要，这就要求必须加速开展物流职业培训和资格认证工作。通过对在职人员的培训与认证，从根本上提升我国物流从业人员的整体素质与管理水平，满足国内市场对各类物流人才的需求。

第三，优化物流教育师资力量，提高物流教育质量。一方面要不断充实物流师资队伍，大力引进海外物流人才；另一方面要加大物流师资培训力度，通过选派优秀教师出国深造，学习国外先进理论与实践经验；通过邀请国内外专家开展学术讲座和短期培训，拓展教师知识面，提高物流专业师资水平。

第四，各相关大专院校和科研机构应有针对性地开展绿色物流人才的培养和训练计划，培养绿色物流发展的企业人才，加强可应用绿色物流的理论研究，努力为绿色物流业输送更多合格人才，使企业管理人员和业务人员成为既具有物流与管理知识，又有良好的环境保护知识的复合型人才。还可以通过调动企业、大学以及科研机构相互合作的积极性，促进产学研的结合，使大学与科研机构的研究成果能转化为指导实践的基础，提升企业物流从业人员的理论业务水平。

第六节　绿色物流发展的支持保障战略

一、循环物流战略

目前的物流活动只关注从资源起始地到产品消费地的物流活动，并以尽可能高的效率来实现这一单向的物流活动。而对于资源供给及利用的效率以及产品消费后废弃物的处置效率则很少考虑。这种忽视生态环境效益的单向性物流系统的维持需要两个前提条件：一是自然环境的资源存储量相对于人类的需求是无限的；二是自然环境对于人类经济活动产生的废弃物的容量也是无限的。当人类经济活动的规模较小时，这种假设是合理的，但是，从目前人类活动的规模来看，不仅自然资源是稀缺的，而且环境对废弃物的容纳量也是有限的。可见，维系单向性物流系统的两个前提条件是不存在的。因此，在可持续发展观的指导下，以系统论为依据，我们应完善物流系统，改变以往单向物流的发展模式，建立正向物流和逆向物流共同发展的循环物流体系。

循环物流是由正向物流和逆向物流有机结合而形成的一个完整的物流网络，如图5－2所示。正向物流中的物是消费者需要的物品，其流向是从生产者到消费者。逆向物流中的物是消费者不需要的物品，即废弃物或退货，其流向是从消费者到原始来源地。可见，循环物流是物质的“双向”循环活动，可以大大减轻物流活动对生态环境的压力。发展循环物流需要从两个方面入手：

（一）建立逆向物流系统

逆向物流通常可分为退货逆向物流和回收逆向物流。在这里着重讨论一下回收逆向物流。回收逆向物流的绿色化主要由以下几个环节构成：

1. 回收

回收是逆向物流的起点。回收是将顾客所持有的废旧产品或包装通过有偿或无偿的方式收集起来并运往处理的地点。由于回收往往点多量少，

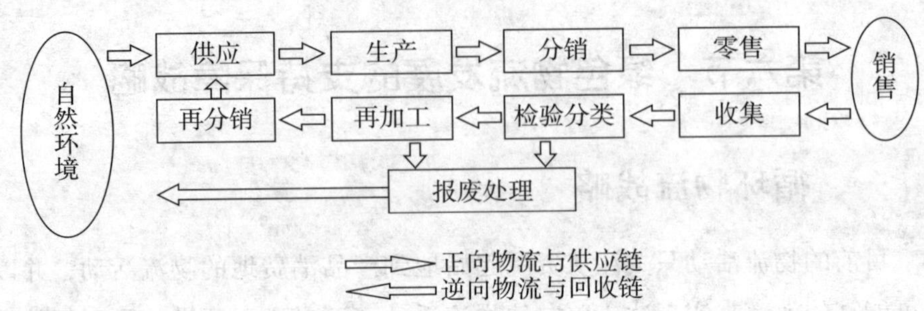

图 5－2　循环物流网络示意

因此这个过程的运输是逆向物流中引起环境污染的关键因素之一，在废旧品收集过程中应尽量采用合并运输策略，以减少不必要运输。

2. 检测和拆分

这是决定回收的废旧产品或包装物是否可再利用以及通过何种方式再利用的一系列活动。早期检测和拆分可以及早识别没有回收价值的废品，节省对无用废弃物的运输成本。

3. 再处理

这是对回收物品或零部件进行处理以重新获取价值的过程。对回收物品的绿色处理方式的划分，可借助 Thierry 在 1995 年提出的观点，直接再利用（direct reuse）、修理（repair）、再循环（recycling）、再制造（remanufacturing），简称 4R。4R 能够减少要处置的废旧物品数量，降低企业处理废旧物品的成本，减少因焚烧、填埋带来的资源浪费和环境污染。

通常情况下使回收物流绿色化的最优途径是再利用和再制造。这种再利用和再制造通过循环重复利用物料，充分回收有用的自然资源，减少对废旧物品的处理成本，产生巨大的经济效益。另外，还有一个关键的效益就是废旧物数量的减少，降低了对自然环境的污染，保护生态环境，促使生态平衡。这就实现了“使生态环境持续利用”的目标，为实现可持续发展这一战略目标提供良好的发展空间。

4. 处置

由于技术或经济原因，那些没有经济价值或严重危害环境的回收产品，可通过机械处理、地下掩埋或焚烧等方式进行销毁，但注意不要造成二次污染。

（二）实现正向物流和逆向物流的无缝对接

虽然正向物流和逆向物流的方向不同，但二者并不是毫不相干的，它们之间有着紧密的联系。产品的正向物流和废弃物的逆向物流是循环物流系统的两个子系统，两者相互联系、相互作用和相互制约。一方面，逆向物流是在正向物流运作过程中产生和形成的，没有正向物流，就没有逆向物流。逆向物流流量、流向、流速等特性是由正向物流的属性决定的。另一方面，正向物流与逆向物流在一定条件下可以相互转化。正向物流中产生的废弃物质可以转化成逆向物流，经过再处理、再加工、再制造，又转化成正向物流，被生产者和消费者再利用。循环物流由正向物流与逆向物流构成，但并不是二者简单的相加，而是要把它们连接成一个有机的整体，即实现无缝对接，因为，循环物流系统的效率既取决于正向物流系统和逆向物流系统各自的运行效率，也取决于两个子系统协调与对接的效率。无缝对接的目的在于获取 1 + 1 > 2 的效果，其实现手段就是建立有效的信息系统。

二、产品全生命周期绿色物流战略

一般的环境管理往往只注重产品生产过程的污染防治。实际上，在产品的整个生命过程，重大的环境压力往往与原材料采掘和产品的使用阶段有着密切关系，在产品全生命过程中，物流过程中对环境的危害不可忽视。因此，必须从产品全生命过程的范围进行物流的绿色化管理。

所谓产品全生命过程是指产品从原材料开采或原材料的供应开始，经过原材料加工、产品制造、包装、运输和销售，经消费者使用、回收直至最终废弃处理这一整个过程。基于产品全生命周期的物流过程可由图 5 - 3 表示。

基于产品全生命周期的绿色物流发展战略应该从产品原材料或零部件的采购阶段开始，制定供应物流的绿色化、生产物流的绿色化、销售物流的绿色化、产品回收及废弃处置的绿色化策略。具体来说：首先，制造商

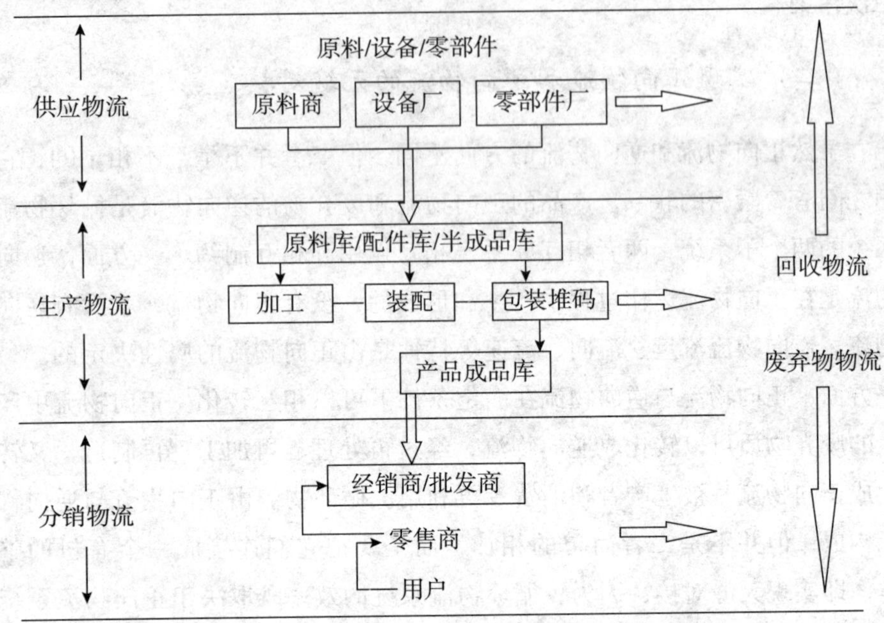

图 5-3　产品生命周期的物流过程及功能机构图

经过对供应商的评估，选择出绿色供应商，供应商将由自然资源、能源和人力资源转化而来的原料、零部件送达生产企业；接着，企业经过对产品的绿色设计、绿色制造、绿色包装，形成最终的绿色产品，生产过程中的边角余料、副产品、加工残次品等，直接进入内部回收系统，尽量做到维修后再利用，避免废弃物的产生；产品被制造出来经过企业的绿色分销渠道，交给第三方物流企业进行专业化的运输和配送：企业的分销系统规划必须考虑产品退货、产品召回以及报废后的回收和处理要求，并制订相应的运行策略。

（一）绿色供应物流

供应物流的绿色化就是原材料获取过程的绿色化，包括绿色供应商的评价选择及采购运输过程的绿色化。为了确保产品在使用过程中的用户安全性和产品废弃时的环保性，降低产品整体的环境负荷，首先就必须对构成产品的零件材料的绿色性进行评估，以避免环境风险。因此，绿色供应物流的第一步就是对构成产品的原料/零件的环境特征，选择环境友好的原料，舍弃危害环境的原料物质。绿色供应物流的第二步就是根据材料的绿色性对供应商进行绿色性评估，评估过程包括对组织过程和产品的评价，环境的组织过程评价着眼于管理系统、环境业绩、环境审核；产品评价包括生命周期评价、商标和产品标准的评价。绿色供应物流的第三步就是采购过程的绿色化。先要改变观念，从重视采购成本转向重视采购品的环境质量；然后在包装和运输过程中采用绿色运输，绿色包装方式，如使用可重复利用的包装袋、集装箱运输、降低公路运输的比例、货物合并运输、降低运输次数、回程管理等。

（二）绿色生产物流

生产物流担负着物料的输送、储存、装卸等任务，生产物流系统一般具有点多、线长、面宽、规模大的特点。为实现生产物流的绿色化，首先必须以清洁生产技术为基础，通过不断地改善管理和改进工艺，提高资源利用率，减少污染物的产生和排放，以降低对环境和人类的危害。通过清洁生产，能实现企业内部的物耗和能耗的削减；通过内部的回收循环，提高资源利用率。绿色生产物流必须是为此目标服务的。其次，JIT 生产方式的实施必须充分考虑环境代价或交通拥挤带来的社会成本，通过库存节约与环境成本的平衡，确定最合适的库存标准。当然，这一点需要政府通过法规和市场手段对环境影响的外部成本予以核算，并施加到企业头上，企业才会主动改变生产方式。另外，以减少物料输送、储存、装卸过程中的能量消耗和废物排放为原则，进行物流技术的改进和物流管理方式的改善。通过对生产物流系统的优化，对物流进行最优规划，对物流设备进行最佳配置，消除无效的输送或装卸，也能有效降低能源消耗，减少物流作业过程的破损率。

（三）绿色分销物流

商品分销是商品价值实现的重要环节。有了绿色的原料供应、生产出来绿色的产品，还必须使分销物流绿色化。分销环节的物流过程最复杂，要实现分销物流的绿色化，首先，必须合理规划分销网络，绿色分销网络应该有利于运输线路的最优化，也要能充分利用铁路、水路等更加环保的运输方式；其次，商品的物流包装在保证物流安全性的前提下应该尽量简单化、标准化，尽量做到重复使用。

（四）回收物流及废弃物流

回收物流和废弃物物流是整个物流过程中最后的也是非常关键的一环。在此环节中最重要的是减少不必要的运输和对废弃物的处理合理，避免造成二次污染。

三、协同物流战略

协同（Synergy）本意为“共同工作”。协同表达了处理和解决问题的方式，以及事物发展过程中的状态，即指为实现系统总体演进的目标，各子系统或各元素之间相互协作、配合、促进所形成的良性循环态势。这是系统发展的内在规定，是对系统的各种因素和属性之间的动态相互作用关系及其程度的一种反映。发展协同物流就是使物流系统各环节，各层次，各部门之间互相配合，协调发展，发挥系统 1 + 1 > 2 的功效。从可持续发展角度来说，发展协同物流，可以使资源得到集约化的利用，在提高物流效率的同时，减少了对资源的获取，降低排放，实现了对环境的净化。实现物流系统可以从以下几个层次考虑：

（一）物流各环节内的协同

物流活动由运输、仓储等环节构成，而这些环节包括具体操作环节。物流环节运作过程的协同应该通过这些具体操作的协作配合来实现。以运输环节为例，在选择运输方式时，应充分考虑各种运输的技术经济特性，如铁路运输运输批量大，距离远，对环境污染较小；公路运输机动灵活，适合门到门运输，对环境的影响较大等。因此，我们应开展联合运输，发挥各种运输方式的长处，实行多环节，多区段，多种运输工具相互衔接进行商品运输。

（二）物流各环节间的协同

物流各环节间也要彼此协调，才能实现最终的绿色化。例如，在包装环节，“零包装”是最节约资源，不产生废弃包装物的包装方式。日本、美国等发达国家在国际货物运输中推行了水泥的裸装运输，这是合理的。但如果片面强调无包装技术，就达不到运输、装卸、储存中所要求的强度、刚度等各种性能指标等要求，这必然带来商品耗损率上升，很有可能造成废弃物的增加，加重对环境的污染。

（三）供应链上的协同

这是要求供应链上的企业以一种协调的方式运作，把供应链看做一个完整的运作过程对其进行管理，企业之间形成利益的共同体。供应链的协同需要实现信息共享，将市场上产品需求及数量准确地反映给上游的生产商，这样可以减少产品的退货及不必要的库存，使运输、仓储等资源得到有效利用。此外，供应链上的企业可以保留其核心竞争力，将非核心的物流服务外包给第三方物流企业，这样有利于在更广泛的范围内对物流资源进行合理利用和配置，可以避免自有物流带来的运输效率低，配送环节烦琐，城市污染加剧等问题。

（四）区域物流协同

区域物流系统中的区域为经济区域，是基于地理、自然、资源以及基础设施等多种客观条件形成的。区域物流协同要求区域同产业内及不同产业间协调配合，共同使用物流资源，完成物流任务。如多个企业联合组织实施区域内的配送活动，这样可以最大限度地提高人员、物资、资金、时间等资源的利用效率，取得最大化的经济效益。同时，可以去除多余的交错运输，并取得缓解交通，保护环境等社会效益。

四、宏观调控战略

物流活动具有典型的外部性特征。所谓外部性是指一个人或一个企业的活动对其他人或其他企业的外部影响，或称溢出效应，这种效应是在有关各方不发生交换的情况下产生的。也就是说，在没有管制的情况下，某主体的生产或消费行为对其他主体的福利造成了影响，但又无须进行补偿，这就产生了外部性问题。

外部性可分为负外部性和正外部性，负外部性是指私人成本小于社会成本，私人收益大于社会收益的情形，例如环境污染；正外部性是指私人成本大于社会成本，私人收益小于社会收益的情形，例如教育、发明创造。负外部性的存在往往强化了不良行为的激励，而正外部性的存在则会导致对良好行为的激励不足，这两者都会使资源配置偏离帕累托优点，从而导致资源配置的低效率。物流活动具有负外部性，主要表现为污染的外部性（废气排放、固体废弃物、噪声）、交通拥挤的外部性。

（一）废气排放的外部性

物流过程中车辆尾气的排放是城市对流层臭氧的主要来源，对流层臭氧的集聚对人体健康造成了严重威胁，并且导致周边地区农业减产。但是，如果没有政府干预，这种尾气排放是免费的，排放者无须为其行为付费。

（二）固体废弃物的外部性

固体废弃物会产生很多的外部性。例如，废弃物的随地倾倒或焚烧处置，会释放出有害物质，渗透到地下水系统或向空气中排放，典型的如甲烷气体以及微量的苯、硫化氢等。垃圾填埋场又可能导致地下水污染、气体排放、甲烷气体的聚集和爆炸的危险，使邻近地区的环境受影响。如果企业或个人承担废弃物处理价格很低，则产生的废弃物更多。研究表明，随着废弃物抛弃者承担的处理费用的上升，废弃物的数量会下降。

（三）噪声的外部性

噪声污染对于处于噪声源附近（例如机场、码头、物流中心、货运场站）的居民的健康和福利有不同程度的影响，它影响人们的交流和睡眠等活动，引发心理和生理上的不适，还会引起心血管疾病，造成听力减退。如果没有关于噪声方面的法规限制，企业可能不会主动针对降低噪声进行投资。

（四）交通拥挤的外部性

拥挤使得人和货物的出行要花费更长的时间和代价。政府通过制定最优的道路价格水平，可以在一定程度上抑制拥挤的程度，虽然道路价格会增加运输成本，但是由于降低了运输时间，也会大大降低与城市配送有关的成本。由此可见，物流的外部性特征不能在自由放任的市场经济里靠“看不见的手”（即市场机制）来完全解决，必须依靠政府的政策制度来干预。由于物流功能在我国涉及的政府管理部门较多，又由于各部门之间分工有交叉，政企也未完全分开，造成了物流系统中存在管理分散化、条块分割、部门分割、重复建设等问题，物流系统化水平很低，导致综合经济效益下降，物流成本提高。物流制度的改革并不是要求建立一个巨大的物流系统，将几个部门统一起来，而是按照物流系统化的要求，加强政府对物流各环节的协调监督职能，整合优化物流系统结构，通过建立综合物流中心，使其成为网络化的战略联盟；加强宏观政策规划指导，制订出符合市场要求的相互配套和具有可操作性的政策，促使全国物流系统合理布局和统筹规划。

目前我国物流业仍处于粗放的经营状态，离绿色物流的要求相距甚远。因此必须对现行政策中影响绿色物流业发展的规章制度进行必要的清理和创新，为物流业的可持续发展提供保证。这种制度创新一方面体现在政策制度如何激励物流经营主体的绿色行为，另一方面体现在如何约束物流经营主体的粗放行为。企业作为经济主体，其追求利润最大化的动机与可持续发展的宗旨并非始终保持一致，也就是说物流业的绿色化并非企业自身的自觉行为，而是其在一定的制度环境下的理性选择。因此政府的绿色政策工具是推进绿色物流发展的关键。政府在市场竞争中起着引导、培育、管理和调控作用，规范物流行为主体的市场行为，营造公平的市场环境，从而推进绿色物流的有序发展。

第六章 泛北京地区绿色物流系统对北京地区的经济社会发展的影响

第一节 泛北京地区绿色物流布局

《北京市国民经济和社会发展第十二个五年规划纲要》指出：全球化的深入发展推动着城市形态和竞争格局的变化，以特大城市为核心的城市群在发展中扮演着日益重要的角色。这客观要求我们必须主动适应变化，以更宽阔的视角审视城市自身发展和区域发展，更加注重区域协同和整体竞争力的提升。"十二五"时期，要认真落实国家开放和区域发展总体战略，从首都功能定位出发，统筹对外开放与区域合作，着力增强辐射带动作用，在更大空间内推动城市的布局和形态完善；着力提升城市竞争力和影响力，在更高层次上参与全球经济分工；着力构筑互利共赢的开放新格局，更好地为国家战略实施和区域共同发展服务。

未来一个时期是我国大城市群形成的关键时期，以首都为核心的城市群及其广大区域正在成为国内发展最具活力的区域之一。在新的发展阶段，北京需要立足于国家首都的职能定位，在更大区域发挥功能、配置资源和拓展服务，从注重功能集聚为主向集聚、疏解与辐射并重转变，从注重单方保障为主向双向服务共赢发展转变，更积极地发挥好辐射带动作用，推动区域合作向纵深发展。"十二五"时期，要更深入广泛地开展与津冀晋蒙及环渤海地区合作，充分发挥首都优势，显著增强服务区域、服务全国的功能，共同推动区域一体化进程和泛北京地区形成，实现整体发展水平的跃升。要围绕快速交通网络构建、资源环境保障、产业分工合作、区域合作机制创新等关键领域，积极推进区域资源合理配置和共同市场形成。加快一体化交通网络建设。加快京沈、京张、京包、京唐等城际高速铁路建设，实现与津、冀、晋、蒙等省市的快速交通联络。优先安排重要跨区域干道建设，完善区域一体化、网络化的公路干道网。加强区域机场间的分工协作、联合调度，逐步形成合理布局、运行高效的航线网络和机场群。深化与天津港、唐山港的合作，促进贸易便利化。深化资源能源和环境领域合作。北京能源需求主要依靠外地调入，要充分利用山西、内蒙古能源优势，加强能源战略合作，积极支持首都企业到山西、内蒙古等周边地区开展能源合作，全面推进电力、煤炭、天然气、新能源和可再生能源的合作开发与清洁高效利用。针对水资源和生态环境等区域发展面对的共同挑战，增强可持续发展战略合作。继续实施《21世纪初期首都水资源可持续利用规划》，推动水源地合作区域向更大范围扩展，支持水库上游小流域治理、环境治理建设。共同推进风沙源治理工程，继续支持周边地区生态保护林营造、森林防火基础设施建设及林木有害生物防治。协商推动建立统一的区域大气环境保护和水环境保护监测与监管体系。

推动区域产业分工与合作发展。坚持优势互补、合作共赢，着重增强首都科技服务、文化服务、金融服务、信息服务、商务服务等产业发展优势，推动一般制造业向市外转移，促进经济合理分工。鼓励区域内高端产业功能区和产业园区设立合作投资区、共建产业园。支持区域内企业共同设立产业基金、产业和技术联盟，促进区域内企业并购重组。加强区域旅游资源及旅游产品、旅游路线的共同开发，鼓励旅游企业跨地区连锁经营，统一区域旅游服务标准，树立区域旅游品牌。按照区域开发和空间布局优化需要，加快城市东南部和南部地区的开发建设，积极引导产业沿京津塘、京保石、京唐秦等发展轴向外辐射发展。

加强城市运行保障和管理对接。完善生活必需品保障合作机制，鼓励发展面向首都市场的农副产品，支持本市农贸企业在周边地区建设农副产品基地，按照“农超对接”模式，打造企业为主体、市场为纽带的区域农业产业链。加强地区间劳务合作，引导区域务工人员有序流动。加强地区间疾病防控、公共卫生和公共安全等方面联防联控和协调处置，构筑区域安全网。

创新区域合作机制。推进区域发展规划的制订，加强区域共同政策的研究与衔接。加强交通基础设施一体化的投入和管理机制、合作产业园的税收与核算机制等方面政策研究，加快区域一体化利益共创共享机制的建设。加强区域市场监管和准入标准等方面的对接。

扩大生产性服务业的辐射带动。着重提升首都生产性服务业的辐射服务能力，发展面向区域的金融、信息、商贸流通等服务以及技术、产权等要素市场，增强对区域生产组织和要素配置能力。增强首都科技创新的辐射能力。推动中关村国家自主创新示范区对周边产业园区的辐射，促进科技成果到周边转化，共同打造环首都高技术产业带。鼓励在京企业、高校、科研院所与周边省市联合兴办研发机构，积极开展技术合作研究，提升区域整体创新能力。发挥首都市场和总部经济的引领带动功能。持续扩大总部企业的影响，支持总部企业到周边建设生产基地和配套服务基地。充分利用首都市场的优势，带动区域内产业结构升级。进一步发挥首都丰富的信息资源优势，促进区域内政务、商务及公共信息的有效共享，为企业寻求商机、加快要素流动、降低交易成本创造良好条件。带动区域公共服务水平提升。充分发挥首都公共服务资源优势，积极开展区域社会事业领域交流合作，带动周边地区社会发展水平提升。积极发展联合办学、跨地区远程医疗、远程教育，积极开展文化、体育等方面的交流合作。支持周边地区加快发展。继续支持周边欠发达地区及赤峰、乌兰察布等地区加快发展。通过技术和项目输出，扶持周边地区发展特色产业和优势产业，推动当地产业结构升级。积极支持周边地区开发人力资源，加强劳动力基地建设，鼓励职业学校开展交流与合作，帮助周边地区搞好职业技术培训。动员和引导社会力量，积极开展扶贫济困活动。

北京市“十二五”时期物流业发展规划强调，强化区域物流合作，拓展泛北京地区物流服务功能，强化区域物流特别是与津冀地区的深度合作，加强北京市物流产业与周边地区联动发展，完善泛北京地区物流系统，服务区域经济一体化建设。

继续推进物流基地建设，完善提升服务功能，增强辐射区域经济的吸引和聚集能力。加强区域物流合作的通道建设，依托京沪、京津等高速公路，加强京津物流主通道建设；依托京哈、京港澳、京开、京藏等高速公路，推动京冀物流合作，全面构建京津冀区域物流合作网络。调整优化泛北京地区物流产业空间布局，鼓励大型物流项目与周边地区加强衔接；发挥物流协会等行业中介组织作用，支持物流企业优势互补，开展区域合作；推进区域物流信息平台建设，实现信息交换与共享，提高区域物流合作效率。

一、布局原则和思路

围绕北京市物流业发展的总体目标，“十二五”时期物流规划空间布局的基本原则是：包括有利于服务和保障首都城市发展和改善民生的现实需求；有利于服务首都各类功能区的产业集聚和发展环境优化；有利于加快泛北京地区建设和区域经济一体化发展；有利于提高首都经济发展的国际影响力和辐射力；统筹考虑与城市交通干道的衔接以及与未来五年主要交通枢纽重点建设项目的协调配套。

“十二五”时期物流规划空间布局的思路是：继续完善“三环、五带、多中心”物流节点空间布局，发挥各物流节点的设施功能优势，引导物流资源在空间上的合理配置；适应未来五年物流业发展的实际需要，以加快物流业发展方式转变和服务水平提升为着力点，深化内涵、延伸发展，按照城市保障物流、专业物流、区域物流和国际物流的发展主线，强化本市物流业发展“广覆盖”、“多组团”、“立体化”的网络结构特征，进一步优化全市物流空间布局。

二、布局重点

“十二五”时期，在现有空间布局的基础上，以节点、通道、网络建设为依托，整合设施存量，合理配置增量，完善物流设施的空间布局体系。

（一）城市物流配送设施布局

服务城乡建设和市民生活需要，以满足农产品流通体系和生活必需品配送体系的发展要求为重点，完善物流配送重点设施布局，提高运行效率和保障能力，实现物流配送服务的“广覆盖”。

加强农产品批发市场物流配送中心建设。改造和新建一批农产品物流配送中心，提高新发地、岳各庄、大洋路、八里桥等批发市场配送中心的功能和配送能力；鼓励建设中央批发市场、顺鑫石门市场、昌平水屯市场等物流配送中心。同时，在城区周边西郊、黄港、西毓顺、琉璃河等地新建一批农产品物流配送中心，逐步形成承接农产品向城内辐射新的物流节点。

支持连锁经营的商业、餐饮企业调整优化配送中心布局，完善提升配送中心功能。调整优化现有提供社会化服务的物流配送中心的布局和功能，支持冷链物流专用设施建设；鼓励利用城区既有仓储设施改建现代化的生活必需品配送中心；引导通州、顺义、大兴等县发展新区及其他郊区县新城发展所需的配送中心建设。

（二）产业集聚区专业物流设施布局

服务本市高端产业功能区、工业开发区以及专业集聚区的建设与发展，在五环和六环周边新建和改造相对集中、功能完善、规模化的物流中心或配送中心，引导物流资源集聚，形成多个“组团式”的专业物流设施空间布局，如图6－1所示。

1. 东部组团

东部组团服务于通州经济技术开发区、电子商务总部基地等产业园区，以及机电、都市工业、新能源新材料、文化创意等产业，在潞城、张家湾、宋庄等地重点发展电子电器、食品饮料、图书音像等专业物流集聚区。

2. 东南组团

东南组团服务于北京经济技术开发区、中关村科技园区金桥科技产业基地等产业园区，以及电子信息、生物医药、环保、新能源新材料等产业，在马驹桥、十八里店、亦庄、黑庄户等地重点发展电子、医药、快速消费品、家用电器等专业物流集聚区。

3. 南部组团

南部组团服务于中关村科技园区大兴生物医药基地、大兴经济开发区等产业园区，以及生物医药、机械制造、印刷包装、服装等产业，在大庄、黄村、西红门等地重点发展医药、快速消费品、食品冷链、农产品、纺织服装、快递等专业物流集聚区；配合北京新机场建设，合理规划预留物流发展的设施空间。

4. 西南组团

西南组团服务于中关村科技园区丰台园、北京石化新材料科技产业基地、北京窦店高端现代制造业产业基地等产业园区，以及石油化工、机械制造、电子信息、生物医药、新能源新材料、汽车及配件等产业，在房山区燕山、窦店、闫村等地和丰台区五里店、榆树庄、白盆窑等地重点发展农产品、石化、汽车、钢材、医药、图书、服装等专业物流集聚区。

5. 西北组团

西北组团服务于中关村国家自主创新示范区核心区，包括中关村科技园区昌平园、未来科技城、国家工程技术创新基地、中关村生命科学园、中关村永丰高新技术产业基地等高科技园区，北京八达岭经济开发区、北京新能源汽车设计制造产业基地、北京工程机械产业基地等产业园区，以及汽车、新材料、生物医药、环保和新能源等优势产业和新兴产业，在南口、马池口、沙河、清河等地重点发展汽车、工程机械、新材料、生物医药、农产品等专业物流集聚区。

6. 东北组团

东北组团服务于北京天竺综合保税区、北京天竺空港经济开发区、北京汽车生产基地、北京林河经济开发区、北京雁栖经济开发区等产业园区，以及汽车、装备制造、都市工业、临空经济等产业，在首都机场周边、赵全营、高丽营、李桥、庙城等地重点发展航空物流、保税物流、会展物流及电子、汽车、食品饮料、农产品、快递等专业物流集聚区。

（三）区域物流设施布局

服务泛北京地区建设需要，发挥北京作为全国航空、铁路、公路枢纽

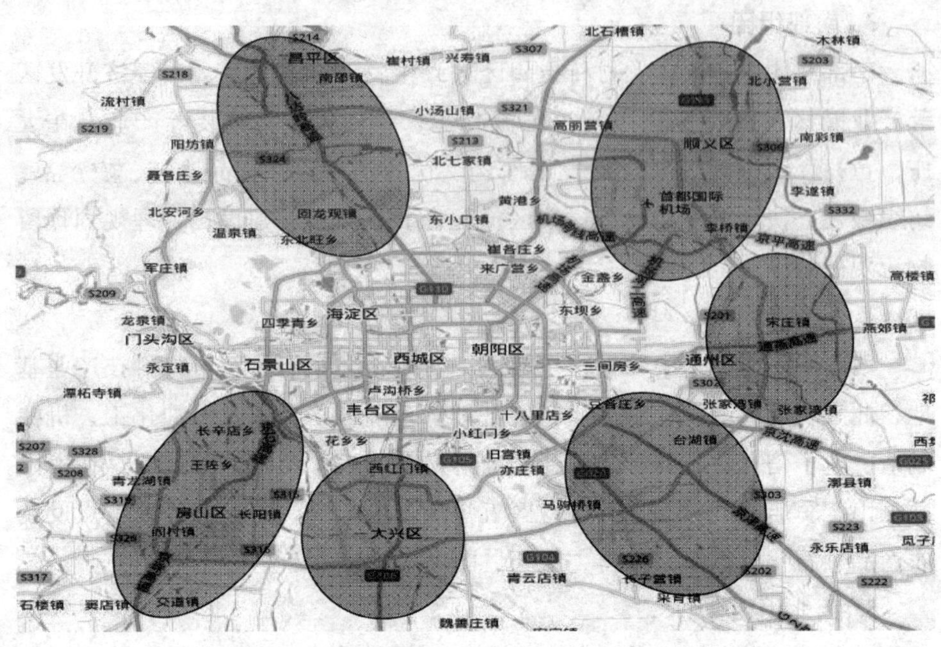

图6－1 “组团式”专业物流集聚区布局示意

的优势，依托物流基地、物流中心等重要节点，加强物流通道建设，发展多式联运，打造便捷高效、辐射力强的区域物流网络体系，如图6－2所示。

完善物流基地的设施条件，发挥其在区域物流网络中的重要节点作用。继续强化以航空货运枢纽型为特征的空港物流基地功能，加快推动马驹桥、马坊物流基地海陆联运体系建设，提升京南物流基地公铁联运的服务功能。

围绕规划新建的铁路、公路货运枢纽，布局建设服务区域、辐射全国的物流中心。依托昌平、房山等铁路中心站点，规划建设马池口、窦店等以集装箱运输为特点的公铁联运物流中心；依托东坝、豆各庄、马驹桥等临近六环路的八个新建公路货运枢纽，规划布局能实现甩挂运输的公路物流中心，形成城际间干线运输的重要物流节点。

（四）国际物流设施布局

服务首都开放型经济发展，以口岸和政策功能区设施建设为重点，为

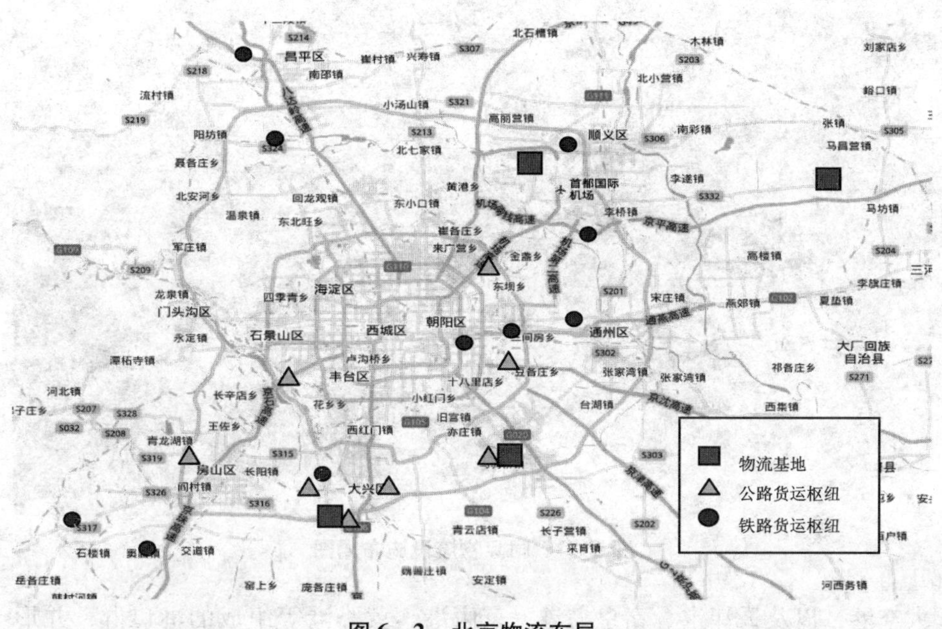

图 6-2　北京物流布局

构筑多种运输方式衔接顺畅的“立体化”国际物流体系奠定设施基础，如图 6-3 所示。

继续优化北京口岸体系。调整口岸功能布局，完善口岸功能，加强国际物流配套设施建设，打造具有世界一流水平的国际物流“高速走廊”。加强入海通道建设，推进通州马驹桥口岸功能区及配套设施建设，加快朝阳口岸向通州马驹桥平移；继续完善平谷国际陆港口岸功能区设施，形成连接天津新港的海运国际物流通道；完善首都机场空港口岸周边综合配套，在北京新机场一期工程建设基础上，启动新机场口岸建设工作；加强北京丰台铁路货运口岸与边境口岸合作，配合铁路集装箱中心站建设合理规划口岸功能。

推进服务国际物流发展的政策功能区设施建设。加快推进天竺综合保税区的一期设施建设和二期用地调整、土地一级开发，大力推动亦庄保税物流中心（B 型）建设，形成南北呼应的政策功能区分布格局。

泛北京地区是我国北方最大的城市群，城市化、经济发展、现代化水平都很高。其区位优越，交通便利，拥有首都机场和天津滨海国际机场两

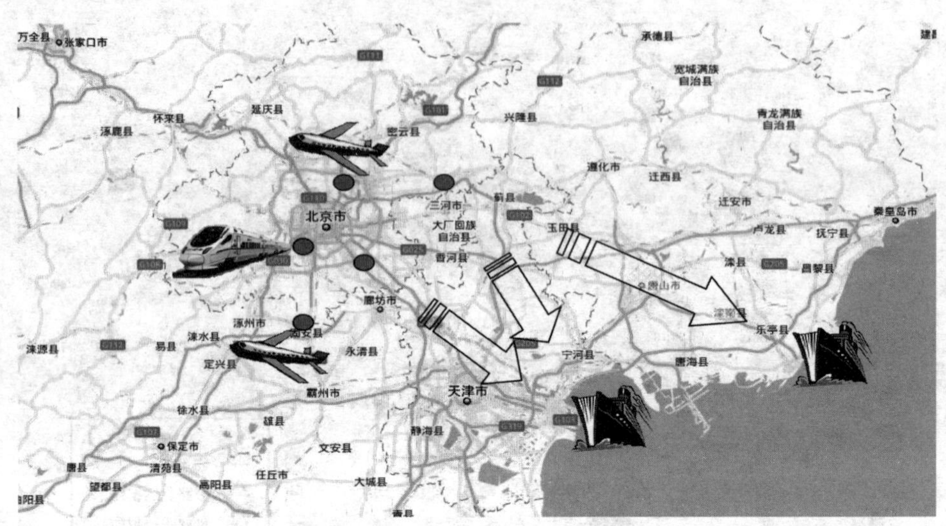

图 6-3　国际物流设施布局图

大空港，以及天津港、秦皇岛港、京唐港、黄骅港等组成的港口群，并形成了以北京、天津为枢纽、向周边各市辐射的四通八达的铁路、公路网。特别需要指出的是，泛北京地区拥有全国最丰富的科技智力资源，这是最突出的优势。高速增长的区域经济促进了物流市场的繁荣，在国家发展战略中，天津滨海新区定位为国际物流中心，因此泛北京地区是我国物流发展的热点地区。泛北京地区物流合作已经进入实质性发展阶段。首先，高速公路、铁路网已形成；北京朝阳口岸与天津海港口岸的集装箱货物直通；首都机场与天津滨海国际机场为主成立了首都机场集团公司，两机场客货服务进一步加深。其次，京津冀三地联手构建统一市场，为区域合作提供良好政策环境和体制环境。例如，2006 年 3 月，京津冀区域发展合作研究联席会议在天津举行；2007 年 2 月京津冀三地商务部门首次发布《京津冀都市圈城市商业发展报告》，将建立和完善信息交流机制，加强区域商业统筹规划、促进产品流通，搭建联合招商引资平台等。

泛北京地区物流业发起步早、发展快，在国内处于领先地位。但与发达国家相比，仍存在一些问题。首先，区域交通网络有待进一步完善。首都机场与天津之间、天津机场与北京之间缺乏直通线路，大城市之间交通联系方式单一，不能充分满足城际客货运输迅速、安全、便利、经济的需求。泛北京地区各市应增强分工协作，打破行政分割，优势互补，联动发展，提高泛北京地区的整体经济实力和竞争力。

第二节 泛北京地区绿色物流系统对北京地区经济社会发展的影响

随着泛北京绿色物流的加速发展，绿色物流的发展问题日益加强。绿色物流作为泛北京经济发展中的重要组成部分，其运作体系的完善能够为泛北京地区的经济又快又好发展提供有力保障。把绿色物流作为发展经济的一个重要增长点，以满足人民日益增长的对产品、服务等多方面、多层次的需求。

一、有利于促进北京地区综合经济实力不断增强

现代物流系统是各区域经济交流与合作得以最后实现的环节和工具。经济全球化、区域经济合作、区域中企业对利润和核心竞争力的追求对物流有较大的需求和依赖，区域经济合作越发达，对区域内及区域外物流的依存度越大，区域物流系统就越显得重要。

物流对区域经济结构、规模和空间布局的引导和反馈作用，实质上也是将区域物流系统优势转化为生产优势和经济优势的过程。物流系统对区域经济的引导功能主要是通过市场竞争机制和产业关联协同机制来实现。是在物流条件改善的前提下，导致市场竞争条件的变化，使不同产业在竞争中调节自身的生产方式、方向和规模，并控制着合理的产销市场和分工合作关系；是通过刺激地区生产专业化的发展，引导不同地区相互关联产业之间彼此协调，促进区域范围内劳动地域分工的发展。因此，泛北京区域要在发展对外经贸合作方面谋求更大的突破，则必须充分利用得天独厚的区位优势，大力发展现代物流业，使货物在区域内更加快速、便捷、可靠和低成本地流通，促进招商引资，创造出与众不同的经济优势。

对比传统物流方式，绿色物流更加强调对环境的保护及各环节的绿色化。绿色物流是融入了环境可持续发展理念后的物流活动，通过改革运

输、仓储、包装、装卸、流通加工等物流环节，可以达到降低环境污染、减少资源消耗的目的。国外包括西欧、日本和美国等发达国家或地区，对绿色物流非常重视，国内在思想上、政策和技术上都和国外有很大的差距。传统的物流方式已经对环境、社会经济发展等方面带来了许多的负面影响，学习和借鉴国外先进经验，发展绿色物流非常必要。区域经济发展理论主要包括增长极理论、经济成长阶段理论、经济增长空间模式、经济发展的集聚和扩散理论、劳动地域分工理论和可持续发展理论，这些理论为分析绿色物流与区域经济互动关系研究提供了理论基础。

区域经济发展对绿色物流的发展起到积极作用。区域经济发展水平和层次决定了绿色物流的发展水平和层次，经济越发达，物流需求就越大，对绿色物流层次和水平的要求相对较高；区域经济结构决定区域物流结构，不同产业对物流有不同的需求；企业作为绿色物流的运行主体，以追求利润最大化和提高企业核心竞争力为主要目标，企业的追求促进物流技术的发展；同时，经济全球化和区域经济一体化以及信息技术的发展，对绿色物流产生推动作用，促进物流活动在更广阔的地域范围组织进行，同时制度环境与物流形态具有高度的相关性，不同经济发展阶段，物流形态具有明显的差别。

绿色物流作为社会化大生产中的最重要一环，是生产和销售中不可缺少的一部分，其发展对区域经济发展产生重要推动力。绿色物流促进生产要素空间集聚和扩散，进而促进区域分工，在一定基础上还可以弥补区域要素资源禀赋的不足，拓展中心城市的辐射范围，强化中心城市功能；绿色物流的发展可形成新的产业形态，优化区域经济结构，促进创新产业的形成，提升支柱产业的竞争力，降低区域经济运行成本，提高经济效率；绿色物流对上游和下游关联产业关联效应非常大，通过关联效应的作用，可以大力推动其他产业的发展。

绿色物流的发展促进了北京地区经济快速增长，随着经济全球化进程的加快，世界各国各地区的经济联系同益紧密，市场的作用范围相应地也逐步扩大，呈现出区域—国家—全球的局面。为了获取更大的发展空间和更多的发展资源，地区之间的竞争变得越来越激烈，一体化的区域物流便应运而生了。区域物流可以根据区域内的基础设施，将公路、铁路、航空和水运等运输方式及物流节点有机衔接起来，并将仓储、装卸、包装、流通加工、信息处理等物流功能进行整合，能够使商品以最优的速度、时间、组合，实现由生产者到消费者的转移，从而提高本区域内的流通效率、降低运行成本。区域物流已成为区域经济的重要组成部分，成为提升区域综合竞争力不可忽视的力量，对区域经济的发展起着推动和激活的作用。因此，从区域层面宏观地、整体地考虑和统筹物流成为必要。无论是各国政府还是地方政府，都随着经济全球化和区域经济一体化的不断发展，致力于通过投资导向政策，制定法规和区域物流规划来实现区域物流一体化发展。使得区域物流呈现出了新的特点和发展趋势：为了满足全球化或区域化的物流服务，物流企业规模不断扩大形成规模效益，物流市场的集中度进一步提高；物流企业为了取得竞争优势不得不提高物流服务质量，物流服务的标准变为“一切为了客户”，物流服务向着个性化和定制化方向发展；同时随着区域物流活动范围的扩大，多式联运由于具有降低物流活动成本、提高物流活动效率等优势成为绿色物流的首选。

泛北京地区的物流与北京地区的经济是相互依存、互相促进的，区域物流是区域经济的重要组成部分和区域经济稳定运行的基础保障，而区域经济则是区域物流存在和发展的物质基础。区域经济的发展是区域物流产生和发展的原动力，区域经济的发展将最终决定区域物流的发展程度，区域经济的规模、发展水平决定着区域物流的发展规模和水平。物流产业属于服务业，有着与其他服务业共同的特点，即需要依附于区域内的生产性、流通性产业而存在。区域经济规模越大越发达，越能够为区域物流的发展提供优良的经济基础和物质技术条件，区域物流发挥作用的空间范围也就越大，从而区域物流的规模就越大水平也就越高。

由物流产业的服务属性所决定，区域经济结构及其变动趋势对区域物流结构，如物流基础设施、物流服务范围、类别、路线及水平等有着重要的影响。区域物流业的发展是区域经济发展的产物，属于后发产业。区域内第一、第二产业的发展创造了物流需求，为发展区域物流提供了平台，进而带动了物流业的发展。所以，区域经济结构决定了区域物流结构。经济全球化的发展带动了外向型经济的快速发展，直接导致了区域之间对物流供给的巨大需求，因为大规模的空运、海运以及陆运是实现区域间经济贸易联系的必要手段。在激烈的竞争条件下，企业对利润和核心竞争能力的追求，使得物流外包成为必然趋势，物流服务逐渐从企业中分离出来发展成为现代物流企业，以专门提供供应链管理的第三方物流企业同期成长起来。同时，区域内各经济主体之间的经济联系必须通过大量的物资流通来实现，这也为区域物流的发展提供了巨大的发展潜力和需求市场。

在经济全球化背景下，具有强大流通能力的区域才会成为主导经济的主体。而作为构成社会流通能力的物流产业，不仅对区域经济发展起着基础性的作用，而且影响和制约着整个区域经济运行的速度和效益。区域物流的建设对区域经济的重要作用，降低区域经济运行成本，改变经济增长方式从区域经济发展整体上来看，区域物流降低经济运行成本主要表现在社会交易成本的普遍降低。区域物流的不断发展和完善，使物流产品和服务质量都得以稳定，物流标准得以统一，于是谈判和签订合同变得更加简洁，物流服务的效率大大提高，节省了大量的交易费用。同时，简化的区域物流网络体系，有效地降低了各种物流成本和信息费用。因此，从社会整体来说，物流产业降低了部分交易成本从而改变了经济增长方式。发展区域物流有利于吸引外资，促进区域贸易在区域经济发展过程中，高效、完善而合理的区域物流系统对促进区域经济的快速循环起着基础性的后勤保障作用。正是由于区域物流对区域经济发展的这种重要作用，投资商在进行投资时，区域内的物流发展情况成为其考察的重要内容之一。良好的区域物流系统可以吸引大量外资的进入，有利于商品和要素的自由流通，打破各区域独自存在、自成体系的发展局限，拉动区域贸易，促进区域经济发展。

北京 2012 年全市地区生产总值达到 1.78 万亿元，五年平均增长 9.1%；人均地区生产总值提高到 13797 美元，达到中上等收入国家水平。全社会固定资产投资达到 6462.8 亿元，年均增长 14.8%；社会消费品零售额达到 7702.8 亿元，是 2007 年的 2 倍。地方公共财政预算收入达到 3314.9 亿元，年均增长 17.3%。经济结构加快调整转型，产业结构进一步优化，生产性服务业、文化创意产业比重分别比2007年提高了5.6个和2.1个百分点，服务业比重由73.5%提高到76.4%，高技术制造业较快发展，都市型现代农业体系初步建立，首都经济的特征更加彰显。中关村国家自主创新示范区建设取得重大进展，实现企业总收入2.4万亿元，是2007年的2.7倍。全社会研发强度达到5.8%，技术合同成交额占全国的38.2%。加快重点功能区建设发展，六大高端功能区占全市经济比重超过40%。突出抓好重点领域节能减排，完成首钢石景山厂区涉钢产业搬迁改造，累计关闭446家高污染、高耗能、高耗水企业，告别了近千年的小煤窑采矿史，万元地区生产总值能耗、水耗分别累计下降25%以上和32%，节能减排走在全国前列，综合发展指数连续多年排名第一。

天津2012年全市生产总值12885亿元，是2007年的2.5倍，年均增长16.1%，人均生产总值1.48万美元；地方财政收入1760亿元，是2007年的3.3倍，年均增长26.7%；全社会固定资产投资8871亿元，年均增长34%；社会消费品零售总额3921亿元，年均增长19.6%；外贸进出口总额1156亿美元，年均增长10.1%；城乡居民收入年均分别增长12.6%和12.1%，价格总水平保持基本稳定；万元生产总值能耗累计下降21%，节能减排完成国家下达的目标任务。全市工业总产值达到2.4万亿元，五年增长1.3倍。实施重大项目180项，八大优势支柱产业占全市工业比重超过90%。高端装备制造、新一代信息技术、节能环保等战略性新兴产业快速发展。建成6个国家级新型工业化示范基地，产业聚集效应进一步显现。节能降耗成效显著，关停并转1000多家高耗能、高污染企业。形成五种具有示范效应的循环经济模式，国家循环经济试点城市建设加快推进。

河北2012年全省生产总值26575亿元，同比增长9.6%，比2007年增长65.8%。全部财政收入3479.3亿元，其中公共财政预算收入2084.2亿元，分别比2007年增长1.3倍和1.6倍。规模以上工业增加值11069.6亿元，比2007年增长97.4%。抓住国家扩内需、稳增长的机遇，积极推进项目建设，一大批重大项目开工建设或建成投产，全社会固定资产投资19661.3亿元，比2007年增长1.9倍。大力开拓城乡消费市场，社会消费品零售总额9154亿元，比2007年增长1.3倍。

这些经济的发展将为物流业提供更多的需求，大大带动物流业的发展，为泛北京发展物流业的可持续发展奠定了坚实的经济基础。

二、有利于促进北京地区经济可持续发展

北京市的发展条件和地理区位决定了其具有成为区域性物流枢纽的条件。首先，北京市是全国的政治、文化和经济中心，在经济发展上具有其他城市所不能替代的地位，经济发展地位决定了其在泛北京地区作为物流组织中心的重要地位，发展的现状也印证了这种作用和地位；其次，北京的经济发展规模和水平也决定了其在国家对外开放战略中将发挥重大作用的地位，从组织国际贸易的角度出发，北京市将在国际性物流组织中扮演重要的角色。

泛北京地区的绿色物流发展将极大促进北京地区的经济可持续发展。

三、有利于泛北京地区物流企业进入全球化经济竞争

有人认为绿色物流是一种环保理念，是不切实际的幻想，因为它不能带来任何的经济效益，相反还会增加企业物流成本；也有人认为绿色物流是政府的事情，和企业无关。实际上国内外的实践足以证明绿色物流是有价值的，且能提升物流企业的竞争力。关注绿色物流，物流企业能树立良好的企业形象、企业信誉和履行社会责任，进而直接影响企业的实体价值。这就是为什么很多跨国公司关注公益事业、关注社会问题的原因。绿色物流将物流企业推向可持续发展的前沿，有助于物流企业赢取公众信任。绿色物流企业也比较容易获得一些环境相关的论证，如ISO 14000，而在激烈的市场竞争中占有一定的竞争优势。一个具有良好环境表现的企业通常也具有良好的赢利表现。绿色物流可以为物流企业创造实体价值。

四、有利于北京地区居民幸福指数和生活质量的提高

绿色物流可以解决生态环境与物流体系的冲突问题，泛北京地区具有发达的交通网络和得天独厚的区位优势，从而使城市圈物流业的发展具备了良好的外部条件，但在这种情况下，如果物流业无序发展，将对环境造

成更大的威胁，所以发展绿色物流必须要提到战略日程上来。绿色物流要解决的不光是如何降低环境污染问题，而是要从根本上解决物流系统的可持续发展问题。只有大力发展绿色物流，才能促进泛北京地区经济的繁荣，才能更好地实现经济与环境、资源的协调发展。

社会在进步，经济在发展，导致世界上的资源日益紧缺。逆向物流作为绿色物流研究的焦点，它所倡导的是物料的再循环和零部件的重复利用，这不仅可以降低物流系统对环境的破坏，而且还能缓解资源紧缺的问题，给企业和社会带来巨大的经济效益。同时泛北京地区环境的改善可以极大降低北京地区的环境污染，还北京地区蓝天绿水，环境的改善可以有利促进北京地区居民幸福指数和生活质量的提高。

五、有利于优化北京物流专业人才培养方案，促进教育、企业与市场接轨

绿色物流作为一个新生事物，对业务规划人员的专业素质提出了更高的要求，因此，要实现绿色物流，培养大量的熟悉绿色物流理论和实践的专业人士是当务之急。有关高校和科研机构要注重对绿色物流人才的培养，有针对性地开展绿色物流和培训计划，为输送更多的绿色物流人才而努力；通过调动企业、高校和科研机构之间的互相配合，促进产学研一体化，使高校和研究机构的科研成果能成为指导实践的基础，从而提高物流从业人员的专业理论和操作水平。北京地区高校非常集中，泛北京地区绿色物流的发展，将需要大量的高水平物流人才，北京高校将建立更多的培训机构和相应的课程，培训泛北京的物流人才，这不仅满足了绿色物流人员的需求，同时也将提高北京地区的教育和培训水平，提供更多的教育和就业机会。

第七章　泛北京地区绿色物流体系的建立对全国范围内其他省、市、地区的影响性研究

第一节　绿色物流的价值分析

绿色物流在物流过程中抑制物流对环境造成危害的同时，实现对物流环境的净化，使物流资源得到充分利用。从物流作业环节来看，绿色物流包括绿色运输、绿色包装、绿色流通加工等。绿色物流的最终目标是可持续性发展，实现该目标的准则是经济利益、社会利益和环境利益的统一。构建绿色物流体系能够实现企业和社会“双赢”，是实现可持续发展战略的必然选择。

一、社会价值

绿色物流作为一种资源节约型物流，首先表现为一种节约资源、保护环境的理念。绿色物流所带来的社会价值具体表现在三个方面：

首先，绿色物流将企业推入了可持续发展的轨道。绿色物流所体现的资源节约性，有助于企业在生产成本上的大幅降低，其循环经济的特点也使得企业本身对环境的污染大大减少，有助于企业对外树立良好的形象，赢得政府、公众的信任和支持。

其次，绿色物流的推行帮助企业更好地参与国际竞争。绿色物流不仅仅是一种理念，更是一种标准，国际标准化组织的 ISO 14000 环境管理体系认证就是针对环境保护的一种认证，目前正在积极的推行，企业要想顺利进入国际市场，除了一些必备的企业认证标准之外，绿色物流体系的认

证、资源和环境保护的认证也是必不可少的一部分。通过了这类认证，更容易让企业在激烈的国际竞争中获得优势。

最后，绿色物流有利于人们对环境保护加深认识。随着经济的不断发展，人类的生存环境不断受到经济发展的影响，能源危机、资源枯竭，臭氧层空洞扩大，环境遭受污染，生态系统失衡等都是我们面临的重大环境问题。人们逐步认识到，生态环境的保护是极为重要的，地球只有一个，环境破坏后，重新恢复将是极其困难的。目前，绿色意识在我国已经逐步兴起，消费者不仅关心自身的安全和健康，还关系整个大环境的改善，这也间接影响到绿色物流的发展。与此同时，绿色和平运动在世界范围内展开，环保勇士以不屈不挠的奋斗精神，给各种各样危害环境的行为以沉重打击，对于激励人们的环保热情、推动绿色物流的发展，也起到了极其重要的作用。

二、经济价值

生态经济学认为，生态系统是具有经济价值的。生态系统与经济系统之间存在一种固有的平衡。绿色物流为企业创造的经济价值体现在三个方面。

第一，绿色物流有利于树立良好的企业形象，使企业更容易获得股东和其他投资者的青睐。信誉是人类社会人与人之间建立稳定关系的基础，企业要塑造让公众信任的形象，最为关键的就是诚信。一个具有诚信理念的企业才能吸引顾客，扩大销售占领市场，也才能够留住人才，使之为企业的发展贡献力量。企业有了绿色物流开道，就能顺利开展公共关系活动，让人们熟悉和牢记企业形象。

第二，企业通过对资源的节约利用，对运输和仓储的科学规划和合理布局，将大大降低物流成本，为企业拓展利润空间。运输的过程也是能源消耗的过程，在运输的过程中，不仅对资源产生消耗，对环境也产生了不良影响，如何在保证经济活动正常进行的条件下，减少运输车辆的数量，避免路线绕行，加快运行的速度，这些都是绿色物流的研究范畴。此外，从仓储的角度看，绿色物流主要从仓库的选址入手，研究如何更加经济合理地安排仓储地点，优化配送的结构，在保证配送的前提下减少仓库运营对环境带来的影响，降低仓库运营成本，进而降低产品总成本。

第三，自然资源的回收、再使用等举措，可以降低企业的原料成本，提升客户服务价值，增强企业竞争优势。目前的企业经营中存在很多的浪费现象，生产过程中除了必要的消耗品之外，存在很多浪费现象。绿色物流中的循环经济理念提倡资源的回收与再利用，这一理念可以帮助企业降低企业运营的总成本，提高资源的节约利用率。从另外一个角度来讲，成本的降低可以直接导致商品价格水平的下降，这对于消费者来说就是客户服务价值的提升，企业的产品价格低，价值高，消费形象好，这些都赋予产品更强的竞争能力。

第二节　绿色物流体系在全国范围推广的必要性

物流活动从本质上讲是实现货物从生产地到消费地转移的过程，在这个过程中，有运输、仓储、流通加工等活动的参与。在提倡生态文明的今天，商品的物流过程已经成为环境污染的重灾区。对绿色物流的探讨已经有相当长的一段时间了，企业为了持续发展，必须积极解决经济活动中环境问题，放弃危及企业生存和发展的非绿色经营方式，构建绿色物流体系，追求高于竞争对手的相对竞争优势，从而为企业创造新的竞争优势。

一、绿色物流有利于经济与社会的国际化发展

经济全球化，有利于资源和生产要素在全球的合理配置，有利于资本和产品在全球性流动，有利于科技在全球性的扩张，有利于促进不发达地区经济的发展，是人类发展进步的表现，是世界经济发展的必然结果。但它对每个国家来说，都是一柄双刃剑，既是机遇，也是挑战。特别是对经济实力薄弱和科学技术比较落后的发展中国家，面对全球性的激烈竞争，所遇到的风险、挑战将更加严峻。经济全球化中急需解决的问题是建立公平合理的新的经济秩序，以保证竞争的公平性和有效性。经济全球化是指贸易、投资、金融、生产等活动的全球化，即生存要素在全球范围内的最

佳配置。从根源上说是生产力和国际分工的高度发展，要求进一步跨越民族和国家疆界的产物。进入21世纪以来，经济全球化与跨国公司的深入发展，既给世界贸易带来了重大的推动力，同时也给各国经贸带来了诸多不确定因素，使其出现许多新的特点和新的矛盾。

随着社会进步和经济的发展，世界上的资源日益紧缺，同时由于生产所造成的环境污染进一步加剧，为了实现人口、资源与环境相协调的可持续发展，许多国际组织和国家相继制定出台了与环境保护和资源保护相关的协议、法律体系，这就要求企业必须构建相应的绿色物流体系，以降低经营风险和违反法律的成本。构建绿色物流体系能更好地与国际标准相接轨，使相关物流活动能够按照既定的标准在不破坏环境的条件下顺利完成，同时，物流过程的绿色化也是保证物品本身不受到碳排放调查的重要保证。

随着经济的发展，资源日益紧缺，环境污染不断加剧，为了实现人口、资源与环境相协调的可持续发展，许多国际组织和国家相继制定出台了与环境保护和资源保护相关的协议、法律体系，例如《蒙特利尔议定书》《里约环境和发展宣言》《工业企业自愿参与生态管理和审核规则》《贸易与环境协定》《京都议订书》等；我国也相应制定了《环境保护法》等一系列法律法规。这些强制性法律法规要求生产商必须对自己产品造成的污染承担相应的责任，采取相应的治理措施，否则将会受到严厉惩罚。比如欧盟规定轮胎生产商每卖出一条新的轮胎必须回收一条旧的轮胎进行处理或再利用。这就要求特定区域内特定产品的生产企业必须构建相应的绿色物流体系，以最大限度地降低经营风险和违反法律的成本。

我国加入世界贸易组织后，将在三年之内取消大部分产品的分销限制。这样，外国公司就可以分销进口外国产品及我国产品。而在物流服务方面，经过合理的过渡之后，将会取消大部分外国股权的限制，外国具有先进的经营管理水平的物流企业将进入中国市场，将会给国内物流企业带来巨大的冲击甚至威胁着国内物流企业的生存。在这种形势下，我国的物流企业要想在国际物流市场上占有一席之地，发展绿色物流将是其理性的选择。

二、绿色物流有利于可持续发展战略的实施

可持续发展需要绿色物流。现代物流活动的诸多方面都会对环境造成负面影响，而且这种影响的程度是随着经济的发展而加剧的，因此，为了适应经济可持续发展的要求，发展绿色物流刻不容缓。

传统物流主要关注的是成本的降低和效率的提升，而这些往往是建立在对环境的忽视甚至是破坏的基础上的。随着我国环保意识的逐步提高，传统物流的发展逐渐被各国的绿色壁垒所限制。而绿色物流以经济学的一般原理为指导，以生态学为基础，对物流中的经济行为、经济关系和规律与生态系统之间的相互关系进行研究，以谋求在生态平衡、经济合理、技术先进条件下的生态与经济的最佳结合以及协调发展。作为生产和消费中介的物流，伴随全球经济一体化的发展，物流对于环境保护的重要作用日益凸显，物流绿色化思想受到广泛关注和高度重视。绿色物流强调低投入大物流的运作方式，不仅是一般物流资源的节约和降低成本，更重视绿色化和由此带来的发展动力。

三、绿色物流有利于循环经济的发展

循环经济就是在物质的循环、再生、利用的基础上发展经济。是一种建立在资源回收和循环再利用基础上的经济发展模式。其原则是资源使用的减量化、再利用、资源化再循环。其生产的基本特征是低消耗、低排放、高效率。

循环经济以资源的高效利用和循环利用为目标，以“减量化、再利用、资源化”为原则，以物质闭路循环和能量梯次使用为特征，按照自然生态系统物质循环和能量流动方式运行的经济模式。它要求运用生态学规律来指导人类社会的经济活动，其目的是通过资源高效和循环利用，实现污染的低排放甚至零排放，保护环境，实现社会、经济与环境的可持续发展。循环经济是把清洁生产和废弃物的综合利用融为一体的经济，本质上是一种生态经济，它要求运用生态学规律来指导人类社会的经济活动。

传统物流过程只重视从资源开采到生产、消费的正向物流，而忽视废

旧物资、可再生资源的回收利用所形成的逆向物流。循环型物流则包括原材料副产品再循环、包装废弃物再循环、废旧物品再循环、资源垃圾的收集和再资源化等。随着人们生活水平的提高，对物流服务的要求也越来越高，传统物流已经不能满足这些要求。而绿色物流从物流管理过程来看，既包括了正向物流环节的绿色化，又包括了供应链上的逆向物流体系，能够很好地解决这一问题。

在实际工作中，资源浪费现象是普遍存在的，不仅存在于生产领域，也存在于消费和流通领域，譬如，商品破损、储存变质、余料处理不当等。而绿色物流既注重经济利益，又追求节约资源、保护环境这一既具经济属性，又具有社会属性的目标。其出发点就是以最低的投入获取最大的价值，资源节约和降低成本是其重要的特征。这体现为绿色物流体系涵盖了整个物流作业的环节，包括绿色运输、绿色包装、绿色流通加工等。

四、绿色物流有利于企业竞争能力的提高

随着可持续发展观念不断地深入人心，消费者对企业的接受与认可不再仅仅取决于其是否能够提供质优价廉的产品与服务，消费者越来越关注企业是否具有社会责任感，企业是否节约利用资源、企业是否对废旧产品的原料进行回收、企业是否注重环境保护等，这些都成为决定企业形象与声誉的重要因素。

日趋完善和严厉的环保法规，要求企业必须积极解决经济活动造成的环境问题，自觉放弃危及企业长久生存和发展的生产方式。哈佛大学 Nazli Choucri 教授深刻阐述了对这一问题的认识："如果一个企业想要在竞争激烈的全球市场中有效发展，它就不能忽视日益明显的环境信号，继续像过去那样经营……对各个企业来说，接受这一责任并不意味着经济上的损失，因为符合并超过政府和环境组织对某一工业的要求，能使企业减少物料和操作成本，从而增强其竞争力。实际上，良好的环境行为恰似企业发展的马达而不是障碍。"绿色物流的核心思想正在于实现企业物流活动与社会和生态效益的协调，以此形成高于竞争对手的相对竞争优势，进而实现企业的可持续发展。

绿色物流从产品的开发设计和整个生产流程，到其最终消费都对是否有利于节约利用资源、是否有利于废旧产品的回收、是否有利于环保等作了完善的处理。这样企业就可以最大限度地降低成本。当前的物流基本上还是高投入大物流、低投入小物流的运作模式，而绿色物流强调的是低投入大物流的方式。显然，绿色物流不仅仅是一般物流的节约和降低成本，更重视的是绿色物流和由此带来的节能高效少污染。它对生产经营成本的节省是无可估量的。

物流业最终目标是降低成本，而降低成本的途径无非是通过集约、优化各种资源，提高流通效率、压缩流通成本。这个过程同时也节约了资源消耗、提高了资源效率，简而言之就是一个节能环保的过程。从这个意义上说，实施绿色物流体系是相当必要的。

物流作为新兴行业，依赖于社会化大生产的专业分工和经济的高速发展，而经济要发展必定依赖社会的可持续发展，这就绝不会允许物流过分地消耗资源、破坏资源，进而造成二次污染。而绿色物流的核心思想在于实现企业物流活动与社会和生态效益的协调，实现企业的可持续发展。随着可持续发展观念不断深入人心，消费者对企业的接受与认可不再仅仅取决于其是否能够提供质优价廉的产品与服务，而是越来越关注企业是否具有社会责任感，如企业是否节约利用资源、是否对废旧产品的原料进行回收、是否注重环境保护等，这些都成为决定企业形象与声誉的重要因素。绿色物流从产品的开发设计，整个生产流程，到其最终消费都纳入了对这些因素的考虑，其构建不但可以降低旧产品及原料回收的成本，而且有利于提高企业声誉，增加品牌价值和寿命，延长产品生命周期，从而间接地增强企业的竞争力。

第三节　泛北京地区绿色物流体系对全国的示范作用

泛北京地区绿色物流体系的构建对全国其他省区都具有较强的示范作用，尤其是在构建、完善绿色物流体系、为绿色物流创造良好的运行环境方面，都将起到较好的示范作用。

一、树立绿色物流的运作观念

当代物流不仅要树立服务观念，更应自始至终贯穿绿色运作、物流绿色化理念，因为物流的良好服务，离不开高效节能和安全优质。因此，必须抓住以下三个方面：

第一，物流企业的经营要围绕绿色环保和可持续发展的理念。不能安于现状，不思进取，更不能存在“环保不经济，绿色要花费”的思想。只有企业自身认识到企业建设和营运绿色化的必要性和紧迫性，物流企业的绿色再造和规范才能有所突破。

第二，加快技术改造，提高物流基础设施的绿化水平。通过第三方物流的建立和对物流流程、环节以及各类设施器械的技术创新、技术引进和技术改造，提高企业的营运能力和技术水平，最大限度地降低物流的能耗和损失，增强环保能力，防止二次污染。

第三，推进全社会的绿色生产与消费。物流企业的绿色规范和再造，离不开经济运行各环节的配合和协调。没有绿色环保的生产与消费，绿色物流就将成为无源之水，无本之木。

二、加强政府规制，发挥政府主导作用

构建绿色物流体系，政府应发挥主导作用，应高度重视、大力扶持，并采取强有力的措施全面规制和引导。不能只强调生产和消费的绿色化，而忽略物流的绿色化。

（一）积极构建发展绿色物流的法律保障体系

政府应主持制定和推行符合国情又与国际接轨的鼓励发展绿色物流的宏观政策和相关的配套政策，如对公路运输提价、鼓励铁路运输、对节约资源予以补贴，努力营造有利于绿色物流发展的政策、法规环境，逐步建立起绿色物流发展的法律保证体系，以推进和保证绿色物流的可持续发展。通过制定相关法律对资源开采、新材料的使用、排放废弃物以及废弃物的回收进行规范。

（二）加强源头管理、控制物流活动的污染发生源

政府应该采取有效措施，从源头上对物流活动引起的环境污染加以控制。一方面，要限制车辆的噪声、尾气排放、限制城区货车行驶路线和限制超限运输等；另一方面，可以发挥经济杠杆作用，收取车船排污费、促进无公害运输工具的普及。通过制定相关法律对资源开采、新材料的使用、排放废弃物以及废弃物的回收进行规范。

（三）加强交通流量的管理

限制交通量，通过政府引导作用，促进企业选择合适的运输方式，发展共同配送；统筹建立现代化的物流中心，减少货物低效率流动，消除交错迂回运输，缓解交通拥挤，提高货物运输效率，最终以有限的交通流量来获得更高的物流效率。采取财政、金融手段，对实施绿色物流的企业给予必要的支持和鼓励。

（四）积极引进和开发先进物流技术，建立绿色物流技术创新体系

绿色物流离不开绿色物流技术的应用和开发，没有先进的绿色物流技术支撑，就没有绿色物流的立身之地。目前，要大力开发和应用物流机械化、物流自动化、物流信息化以及网络化技术，努力缩短与西方发达国家物流技术的差距。

首先，要加快以物流企业为主体的技术创新体系建设，积极推进物流行业、企业集团建立技术研发及创新中心，提升企业物流技术开发能力和创新水平。与此同时，提升物流企业的技术应用水平，适应当前物流技术的飞速发展，应用最新的技术提升企业物流效率。

其次，是认真解决企业创新活力和动力不足问题，为绿色物流快速发展提供强大动力和有力保障。由于我国的经济增长长期以粗放型为主，导致资源的浪费成为企业的一大顽疾，绿色物流强调资源的节约，而资源节约需要的设施设备由于研发的不足，导致价格高昂，人们谈“绿”色变。

因此企业的绿色转变主要依靠企业自身对设施设备的创新改造活动，如果企业的创新能力和动力不足，那么企业的绿色化将非常艰难。

最后，“产学研”联合攻关，增强绿色物流技术的引进吸收和自主开发能力，积极培育新的经济增长点。绿色物流的发展不仅仅需要企业的认同和驱动，更需要科研机构的支持。企业需要绿色物流技术，但是由于资金、技术、人才等资源有限，无法独立完成绿色物流的技术转型。这样的情况下，就需要“产学研”的密切配合，共同完成绿色物流技术攻关，配合企业进行绿色物流的技术转型。

三、企业构建自律型绿色物流管理体系和流程

（一）大力推行绿色采购

所谓绿色采购，就是企业内部各个部门协商决策，在采购行为中考虑环境因素，通过减少材料使用成本、末端处理成本，保护资源和提高企业声誉等方式提高企业绩效。企业内部应加大采购部门与产品设计部门、生产部门和营销部门的沟通与合作，共同决定采用何种材料和零部件以及选择什么样的供应商，与供应商采取何种合作方式。通过减少采购难以处理或对生态系统有害的材料，提高材料的再循环和再使用，减少不必要的包装和更多使用可降解或可回收的包装等措施，控制材料和零部件的购买成本，降低末端环境治理成本，提高企业产品质量（如生产获得权威认证的绿色产品），改善企业内部环境状况，最终提高企业绩效。

（二）实行绿色营销策略

所谓绿色营销，是以常规营销为基础，强调把消费需求与企业利益及环保利益三者有机统一起来，是一种较高级的社会营销。绿色营销较社会营销更重视环境保护。绿色营销的主要内容是搜集绿色信息、开发绿色产品、设计绿色包装、制定绿色价格、建立绿色销售渠道及开展绿色促销等。实施“绿色营销”，企业一方面通过自身的绿色形象在新的国际市场环境中提高产品的环境竞争力；另一方面也承担着相应的社会责任，对公

众的消费行为存在导向和强化作用，这有利于开拓绿色产品市场。绿色营销也是企业绿色物流的一个组成部分。树立绿色消费观念，开展绿色消费行动。绿色物流作为一种全新的理念，它要求企业以可持续发展为基础，着眼于长远利益，这就要求政府及企业必须转变观念，协同运作，积极推进物流运作的绿色化进程。

（三）构建绿色运输体系

企业绿色运输的主要措施有：

（1）合理配置物流中心，制订配送计划，提高运输效率，降低货损量和货运量；改变运输方式，尽量实施多式联运。

（2）合理采用不同运输方式。不同运输方式对环境的影响不同，应该尽量选择铁路、海运等环保运输方式。

（3）合理选择运输线路，减少倒流运输、重复运输等不合理运输形式；开展共同配送，由同一行业或同一区域的中小企业协同进行配送，统一集货、送货。

（4）评价运输者的环境绩效，由专业运输企业使用专门运输工具负责危险品的运输，并制订应急保护措施。

（5）物流企业应该改造现有的仓储设施，以最大限度地保证商品的品质，抑制商品品质变化和有害废弃物的排放或泄漏。

（6）采用适度包装、可循环包装，开发新型包装材料。

（7）开展绿色流通加工，改消费品分散加工为专业集中加工，集中处理消费品加工中产生的边角废料，以规模作业方式提高资源利用效率，减少环境污染。

（8）加快绿色物流的科学技术改造，通过对物流流程环节以及各设施器械的技术创新、技术引进和技术改造，最大限度地降低物流的能耗和货损，增强环保能力。

（四）建立废弃物的回收再利用系统

大量生产、大量流通、大量消费的结果必然导致大量的废弃物，废弃物处理困难，会引发社会资源的枯竭及自然环境的恶化。21 世纪的物流必须从系统构筑的角度，建立废弃物的回收再利用系统。建立废弃物的回收再利用系统仅仅依靠单个企业的力量是不够的，企业不仅仅要考虑自身的物流效率，还必须与供应链上的其他关联者协同起来，从整个供应链的视野来组织物流，最终在整个经济社会建立起包括生产商、批发商、零售商和消费者在内的循环物流系统。

四、加强对绿色物流人才的培养

绿色物流作为新生事物，对营运筹划人员和各专业人员要求面广和层次高，因此要实现绿色物流的目标，培养和造就一大批熟悉绿色理论与实务的物流人才是当务之急。对绿色物流人才的培养涉及政府及相关机构的参与，但也是企业成功实施绿色物流的基础保障。

各相关大专院校和科研机构应有针对性地开展绿色物流人才的培养和训练计划，努力为绿色物流业输送更多合格人才；还可以通过调动企业、大学以及科研机构相互合作的积极性，促进产学研的结合，使大学与科研机构的研究成果能转化为指导实践的基础，提升企业物流从业人员的理论业务水平。此外还应引导政府部门、企业、行业组织、咨询机构及民办教育机构参与并采取多种形式开展多层次的绿色物流人才培训和教育工作，如专家讲座、参观学习、各种培训等，不断培养造就大批熟悉绿色物流业务，具有跨学科综合能力，并有开拓精神和创造力的绿色物流管理人员和绿色物流专业技术人员。

第四节　科学发展观对绿色物流的新要求

以人为本的科学发展观把可持续发展作为经济和社会发展的重要内容。绿色物流是经济可持续发展的一个重要环节，它与绿色制造、绿色消费共同构成了一个节约资源、保护环境的绿色经济循环系统。绿色制造是实现绿色物流和绿色消费的前提，绿色物流可以通过流通对生产的反作用来促进绿色制造，通过绿色物流管理来满足和促进绿色消费。可持续发展是“以人为本，全面、协调发展”的科学发展观的客观要求，没有绿色物流的建立和发展，绿色生产和绿色消费就难以绿色衔接，可持续发展就是一句空话。

一、绿色物流是可持续发展的需要

随着经济的发展，人类的生存环境遭到严重破坏，可持续发展成为时代的主题。可持续发展战略是指社会经济发展必须同自然环境和社会环境相适应，使经济建设与资源、环境相协调，使人口增长与社会生产力发展相适应，以保证社会实现良性循环。可持续发展战略同样要求物流企业要将其经营活动与自然环境、社会环境的发展相联系。因此，物流企业必须树立绿色观念从事绿色经营，做到物流与环境共生。绿色物流从本质上讲是循环型物流，通过绿色物流过程，实现资源的循环利用。在当今世界资源严重短缺的情况下，实现可持续发展，最重要的就是对资源的节约使用，通过一切可以使用的技术手段，实现资源的循环再利用，绿色物流正是迎合了这一理念。绿色物流严格来说是物流全过程的绿色化，不仅仅在运输、仓储、配送等方面实现节约化，在采购、生产、销售等方面也可以实现资源的合理利用和资源的循环使用，尤其是在逆向物流方面，可以说是典型的资源回收与利用，这对于经济和社会的可持续发展都是非常重要的。

二、绿色物流适应了世界社会发展的潮流

众所周知，净化地球环境，保护大自然是当今世界各国和人民义不容辞的责任，而引致环境受污染，资源受破坏又涉及人类生产经营和社会消费等多个方面。作为生产和消费中介的物流，其对地球环境的影响，应该备受人们关注。绿色浪潮惠及的不仅是生产、营销和消费，物流的绿色化是全球经济一体化和可持续发展的必然要求。

随着全球经济一体化的发展，一些传统的关税和非关税壁垒逐渐淡化，环境壁垒逐渐兴起，为此，ISO 14000 成为众多企业进入国际市场的通行证。ISO 14000 的两个基本思想就是预防污染和持续改进，它要求企

业建立环境管理体系，使其经营活动、产品和服务的每一个环节对环境的不良影响最小。而国外物流企业起步早，物流经营管理水平相当完善，势必给国内物流企业带来巨大冲击。进入 WTO 后，我国物流企业要想在国际市场上占一席之地，发展绿色物流将是理性选择。

三、绿色物流是物流不断发展壮大的根本保障

物流行业作为高污染行业，近年来备受争议。经济的发展要求物流相关设施与之共同发展，而由于物流活动本身会带来严重的污染，又使得经济发展的一部分获益付诸东流，究竟怎样才能在不污染环境、不增加排放的前提下促进经济的发展，进入一个良性发展的循环？绿色物流给出了答案。作为现代新兴行业，物流的发展有赖于社会化大生产的专业分工和经济的高速发展，一定要与绿色生产、绿色营销、绿色消费紧密衔接，人类的经济活动绝不能因物流而过分地消耗资源，破坏环境，以致造成再次重复污染。只有绿色物流发展速度加快了，经济发展所带来的福利才能被充分利用，绿色物流是物流发展的必然。

四、绿色物流是最大限度降低经营成本的必由之路

一般来说，产品从投产到销出，大部分时间在进行着储运、装卸、分装、二次加工、信息处理等物流过程，生产过程占用的时间相对较少，因此，物流专业化无疑为降低成本奠定了基础。绿色物流不仅是一般物流的节约和降低成本，更重要的是绿色化和由此带来的节能高效少污染，且大规模的应用绿色技术也可以带来生产的规模经济效益，进一步降低企业生产成本，加上由于节能减排所带来的正面效益，可以说它对生产经营成本的节省是无可估量的。

物流作为生产消费的中介，是满足人民物质和文化生活的基本环节。而绿色物流则是伴随着人民生活需求的进一步提高，尤其是绿色消费的提出应运而生的。可以说，再绿色的生产和产品，如果没有绿色无污染物流的维系，绿色消费就难以进行。

在全社会倡导科学发展观的今天，21 世纪我们应该更加重视绿色物流

体系的建设，这是物流业发展的必然结果。作为一个发展中国家，我们必须把经济和社会发展建立在资源和环境可持续利用的基础上，发展绿色生产力，形成绿色产业和发展绿色物流正是这种新的发展思路的最佳选择。绿色物流体系的构建和实施是一个复杂的系统工程，需要我们强化绿色物流意识、建立和健全绿色流通的政策体系、运用市场机制调节绿色物流的管理。

参考文献

[1] 李燕．青海省绿色物流现状与对策分析［J］．中国商贸，2013（6）：85－86.

[2] 于佳．发展我国绿色物流的战略措施研究［D］．陕西：长安大学，2006.

[3] 郭剑峰．新发地建设国际绿色物流区［J］．中国商贸，2010（10）：18－19.

[4] 申君轶．区域经济合作背景下的南宁绿色物流体系建设研究［D］．南宁：广西大学，2006.

[5] 邢文．发展绿色物流若干问题的思考［D］．北京：北京交通大学，2004.

[6] 孟祥茹．发展和实施绿色物流［J］．山东环境，2013（114）：14－15.

[7] 赵敏．绿色物流对促进山东省可持续发展的战略分析［J］．山东省工会管理干部学院学报，2013（2）：96－97.

[8] 秦文展．建设“两型社会”环境下长株潭绿色物流体系的构建［J］．大众科技，2010（2）：216－217.

[9] 陈鑫．绿色物流对经济可持续发展作用的研究［D］．北京：对外经济贸易大学，2006.

[10] 王蕾．我国绿色物流发展研究［J］．中国商贸，2011（16）：64－65.

[11] 北京市发改委．绿色北京行动计划（2010—2012 年）［R］．2009（12）.

[12] 晏军，侯静．绿色物流实现可持续发展的重要环节［J］．时代经贸，2006（12）：81－82.

[13] 许红莲．国外农产品绿色物流发展问题讨论综述［J］．中国流通经济，2012（1）：27－32.

[14] 高凤莲．绿色物流在发展循环经济中的地位与对策［J］．中国流通经济，2008（8）：16－19.

[15] 李春香．广西发展绿色物流研究［J］．广西社会科学，2009（2）：24－28.

[16] 李储东．浅谈对我国绿色物流的认识［J］．中国市场，2011（41）：11－13.

[17] 韩松．河南省大宗农产品绿色物流与供应链系统构建研究［J］．中国流通经济，2009（8）：21－24.

[18] 董谛．武汉城市圈两型社会建设背景下的绿色物流发展研究［J］．襄樊职业技术学院学报，2012（3）：55－57.

[19] 柴树峰，骆素君，郝振洁．探讨我国绿色物流的发展［J］．物流科技，2011（2）：124－126.

[20] 张斌．构建北京奥运绿色逆向物流［J］．哈尔滨商业大学学报：社会科学版，2008（2）：37－39.

[21] 李诚丁．国外绿色物流对我国的启示［J］．农村经济，2009（2）：127－129.

[22] 黄海棠．绿色物流可持续发展研究——以福建省三明市为例［J］．长江大学学报：社会科学版，2010（3）：55－57.

[23] 王婷睿，初永泽．辽宁省绿色物流探讨［J］．物流工程与管理，2010（3）：6－8.

[24] 宋少波．对北京城市物流的思考［J］．运输经理世界，2011（9）：87－89.

[25] 韦胜强．发展绿色物流构建和谐广西［J］．经济师，2009（2）：270－272.

[26] 闫秀峰，田跃，袁亮．扬州发展绿色物流的瓶颈与对策［J］．经济师，2010（11）：276－278.

[27] 李林．基于顾客价值的湖北省农业绿色物流发展研究［J］．安徽

农业科学，2011（6）.

［28］肖劲阳．探讨我国绿色物流的发展策略［J］．物流工程与管理，2009（12）：21－23.

［29］张贺．试析绿色物流与可持续发展［J］．科技信息，2010（9）：390－392.

［30］王阳．物流不断发展中的新亮点——绿色物流［J］．商业经济，2013（6）：50－54.

［31］刘丹，吴佩华．绿色物流与城市发展战略——以苏州市为例［J］．苏州大学学报：哲学社会科学版，2010（5）：54－56.

［32］黄州旋．浅谈绿色物流理论及其发展潜力［J］．经济研究导刊，2010（33）：180－182.

［33］严雪晴．粤北民族地区农产品绿色物流研究——以连山为例［D］．广州：广东技术师范学院，2011.

［34］冯领．绿色物流之路有多远［J］．中国商贸，2011（15）：153－155.

［35］任飞宇．论绿色物流对我国经济可持续发展的关系［J］．投资与合作，2011（7）：21－24.

［36］温颖琦．论我国绿色物流的发展与管理［J］．中国锰业，2012（2）：57－59.

［37］孙秋菊．我国企业构建绿色物流体系的现状和必要性分析［J］．企业家天地（下旬刊），2013（1）：27－29.

［38］张龙枝．我国绿色物流的发展现状及措施研究［J］．中国市场，2011（19）：21－23.

［39］忻霞芬．绿色物流是上海现代物流的必然选择［J］．商品储运与养护，2008（1）：31－33.

［40］孙秋菊．在我国构建绿色物流体系的现状和必要性分析［J］．物流经济，2007（12）：62－63.

［41］钟利军．物流业可持续发展研究——以江西省为例［D］．南昌：江西财经大学，2009.

［42］张立．北京物流基地发展研究［D］．北京：北京工业大学，2009.

[43] 杜玉华，杜芳，王艳刘，等. 浅析我国绿色物流的发展 [J]. 中国科技博览，2012 (19)：535-536.

[44] 冯领. 绿色物流之路有多远 [J]. 中国商贸，2011 (15)：154-156.

[45] 张超，姜亚凝，白曼，等. 论低碳绿色物流管理及其实际应用 [J]. 中国市场，2011 (10)：33-35.

[46] 胡从旭. 绿色物流探讨 [J]. 当代经济，2010 (19).

[47] 杨晓玲，袁杰. 云南发展绿色物流的现状与对策 [J]. 现代商业，2011 (3)：135-136.

[48] 尹新. 苏南地区绿色物流发展现状调研分析 [J]. 物流技术，2012，31 (10)：51-54.

[49] 北京市人民政府. 北京市国民经济和社会发展第十二个五年规划纲要 [R]. 2011 年 11 月.

[50] 北京市商务委员会，北京市发展和改革委员会. 北京市“十二五”时期物流业发展规划 [R]. 2011 (11).

[51] 荆浩，姜宝山. 普通高校物流管理专业课程设置探讨 [J]. 物流科技，2010，33 (1).

[52] 蒋智毅. 绿色物流的现代经济学理论基础探讨 [J]. 商业现代化，2009 (7).

[53] 陈晔桦，赵胜，佟欢. 绿色物流在我国的发展前景分析 [J]. 中国商贸，2010 (17).

[54] 何静. 基于循环经济的绿色物流模式探讨 [J]. 中国市场，2009 (28).

[55] 王婷睿. 基于循环经济的辽宁省绿色物流体系构建研究 [J]. 改革与战略，2010，26 (4).

[56] 吕美锦. 物流业在广东经济发展中的地位与作用 [J]. 财经界：学术，2010 (24).

[57] 邵扬，于研，康美娟，等. 谈物流业对国民经济的推动效应 [J]. 商业时代，2009 (19).

[58] 刘柏霞，张红宇. 辽宁省现代物流业发展潜力探讨 [J]. 商场现

代化，2008（23）.

[59] 孙明辉，刘继来. 基于绿色物流的低碳运输问题研究 [J]. 中国商贸，2011（23）.

[60] 严雪晴. 民族地区农产品绿色物流现状与对策研究——以粤北连山为例 [J]. 安徽农业科学，2011，39（11）.

[61] 范舟. 构建首都绿色物流体系的研究 [J]. 物流科技，2009，32（2）.

[62] 昝金森，王胜华. 发展绿色物流的必要性及推动策略 [J]. 中国商贸，2011（2）.

[63] 李敬. 我国农产品绿色物流面临的问题及发展对策 [J]. 调研世界，2008（10）.

[64] 陈建波. 基于绿色物流角度的浙江物流产业发展研究 [D]. 杭州：浙江大学，2007.

[65] 陈长瑶. 城市物流及其对区域经济发展的影响研究——以昆明市为例 [D]. 昆明：云南师范大学，2006.

[66] 卢荣锟. 长株潭绿色物流发展研究 [D]. 长沙：中南林业科技大学，2012.

[67] 车卉淳，赵娴. 北京绿色物流体系构建研究 [J]. 经济与管理研究，2011（1）：123－125.

[68] 刘荣港. 绿色物流发展的制度经济学分析 [D]. 济南：济南大学，2011.

[69] 宋刚，冯茹，李振东. 我国绿色物流研究的知识结构分析 [J]. 研究与探讨，2012（7）：23－26.

[70] 李松庆. 浅议中国的绿色物流之路 [J]. 山东经济，2003（11）：15－16.

[71] 孔燕. 基于遂宁区域经济发展背景下的绿色物流建构 [J]. 城市建设理论研究，2013（7）.

[72] 陈凤芝. 浅谈中国的绿色物流 [J]. 物流商论廊坊职业技术学院，2010（17）：28－30.

[73] 杨凌云. 绿色物流助推遂宁经济可持续发展 [J]. 中小企业管理与科技, 2012 (24): 187 - 189.

[74] 邹华玲, 王新. 绿色物流体系及其意义 [J]. 经济与社会发展, 2005 (3): 71 - 73.

[75] 聂晶晶. 循环经济条件下绿色物流体系的建立 [J]. 企业导报, 2011 (12): 125 - 126.

[76] 丁东升. 中国绿色物流发展现状与前景分析 [J]. 商场现代化, 2009 (11): 143 - 144.

[77] 曹霞. 中国发展绿色物流的对策 [J]. 经济研究导刊, 2012 (4): 217 - 218.

[78] 严飞飞, 赵银德. 发展北京绿色奥运物流的对策浅析北京奥运绿色物流管理系统 [J]. 商业时代, 2008 (17).

[79] 孟祥瑞. 无锡市发展绿色物流的对策研究 [J]. 金陵科技学院学报: 社会科学版, 2012, 26 (2).

[80] 杨晓玲, 袁杰. 云南发展绿色物流的现状与对策 [J]. 现代商业, 2011 (3): 135 - 136.

[81] 尹新. 苏南地区绿色物流发展现状调研分析 [J]. 物流技术, 2012, 31 (10): 51 - 54.

[82] 刘晖. 对物流企业实现绿色物流的思考与对策 [J]. 冶金经济与管理, 2007 (2).

[83] 周宁武. 绿色物流发展战略探析 [J]. 科技信息, 2007 (3).

[84] 孙秀梅, 辛广茜. 绿色物流的发展瓶颈与对策研究 [J]. 中国流通经济, 2007 (10).

[85] 蒋新梅. 绿色物流发展措施探析 [J]. 商场现代化, 2007 (8).

[86] 贺亚春. 浅议甘肃物流发展特点及对策 [J]. 甘肃科技纵横, 2010, 39 (4).

[87] 周韬. 我国绿色物流发展的瓶颈及对策分析 [J]. 甘肃农业, 2006 (11).

[88] 吴健, 余蓉, 李映兰. 重视物流学科建设加快物流人才培养

[J]. 成都理工大学学报：社会科学版，2003，11（2）.

[89] 谢聪. 重庆市绿色物流发展障碍以及对策探索 [J]. 时代经贸：学术版，2008，6（21）.

[90] 陈萌茁. 浅议发展绿色物流的措施和战略价值 [J]. 硅谷，2010（16）.

[91] 王羽. 从循环经济角度看当今绿色物流发展 [J]. 职业技术，2010（10）.

[92] 徐凯波，丛皓. 北京绿色物流中可持续供应链的设计及评价体系的研究 [J]. 中国商贸，2011（3）：126－127.

[93] 刘冬林. 绿色物流的制度研究 [D]. 武汉：武汉理工大学，2010.

[94] 许笑平. 企业物流绿色化发展障碍机理与推进策略研究 [D]. 北京：北京交通大学，2010.

[95] 单虹. 衡阳市绿色物流系统研究 [D]. 长沙：中南大学，2008.

[96] 李锦学. 论北京市经济的绿色转型 [D]. 北京：北京工业大学，2010.

[97] 孟凡胜. 中国农产品现代物流发展问题研究 [D]. 哈尔滨：东北农业大学，2005.

[98] 于成学. 工业企业绿色物流一体化管理研究 [D]. 大连：大连理工大学，2006.

[99] 敦蕾. 经济全球化下的区域物流研究——以河北省为例 [D]. 石家庄：河北师范大学，2008.

[100] 彭枫. 基于“两型社会”建设的湘潭市物流发展战略研究 [D]. 长沙：中南大学，2010.

[101] 胡方方. 运输视角下基于瓯江内河航运发展丽水绿色物流对策研究 [D]. 杭州：浙江工业大学，2006.

[102] 孙冀. 国内发展绿色物流的对策研究 [D]. 北京：北京工业大学，2007.

[103] 伍莉. 江西省绿色物流发展对策研究 [D]. 南昌：南昌大学，2011.

[104] 苏俊英. 武汉城市圈两型社会建设下的绿色物流发展研究 [D].

武汉：武汉理工大学，2009.

［105］杨利勤．发展我国绿色物流的具体路径分析［D］．西安：长安大学，2008.

［106］胡江虹．绿色物流发展研究［D］．西安：长安大学，2011.

［107］上官绪明．基于循环经济的绿色物流系统架构研究［J］．生态经济，2009（12）：92－95.

［108］张伟．绿色物流与区域经济发展互动关系研究［D］．泰安：山东农业大学，2006.

［109］彭晓莉．基于循环经济的绿色物流研究［D］．武汉：武汉理工大学，2006.

［110］李德钧．我国第四方物流企业发展策略研究——以三星物流有限公司发展为例［D］．苏州：苏州大学，2009.

［111］陈凤芝．浅谈二十一世纪的物流主流——绿色物流［J］．中国商贸，2010（10）：120－121.

［112］周广军．康佳公司绿色物流方案及实施研究［D］．兰州：兰州大学，2009.

［113］车卉淳．可持续发展理论与中国经济发展对策研究［M］．北京：中国商业出版社，2006.

［114］王长琼．面向可持续发展的绿色物流管理［J］．科技进步与预测，2002（2）．

［115］宋华，胡左浩．现代物流与供应链管理［M］．北京：经济管理出版社，2000.

［116］万后芬，等．绿色营销［M］．武汉：湖北人民出版社，2000.

［117］程红．绿色流通引论［M］．北京：中国人民大学出版社，2006.

［118］王琼．绿色物流的内涵、特征及战略价值研究［J］．中国流通经济，2004（3）：28－30.

［119］赵媛，徐风光．绿色物流的经济型分析与发展策略研究［J］．世界海运，2004（6）．

［120］匡志伟，杨国胜．绿色物流发展策略研究［A］．绿色制造与低

碳经济——2010年海南省机械工程学会、海南省机械工业质量管理协会“年会”暨机械工程科学技术报告会论文集，2010.

[121] 王长琼．绿色物流 [M]．北京：化学工业出版社，2004.

[122] 张洪满．绿色物流管理创新策略的研究 [J]．2006.

[123] 申风平．企业实施绿色物流的意义和措施 [J]．2005.

[124] 刘楠．辽宁省绿色物流体系构建研究 [D]．沈阳：沈阳工业大学，2011.

[125] 王学剑．大力发展绿色物流 [J]．经济导刊，2008 (4)：65-67.

[126] 尹叶青．关于我国绿色物流发展的研究 [J]．中国商贸，2012 (1)：176-178.

[127] 付平德，涂明霞．区域经济下政府在发展绿色物流中的行为分析 [J]．中国市场，2009 (10)：26-28.

[128] 张思．定义绿色物流 [J]．供应链，2007 (8)：18-19.

[129] 魏秀华．我国发展绿色物流的路径分析 [J]．铁路采购与物流，2013 (5)：55-57.

[130] 曹翠珍．基于可持续发展的绿色物流体系构建的研究 [J]．物流工程与管理，2009 (8)：21-23.

[131] 李利晓．绿色物流体系的构建 [J]．河南商业高等专科学校学报，2006 (1)：35-37.

[132] 王桔．绿色物流理论及其研究意义和方法 [J]．研究与探讨，2012 (10)：69-71.

[133] 陈绮．浅谈我国绿色物流发展战略 [J]．黑龙江对外经贸，2010 (4)：51-53.

[134] 郑承志．构建可持续发展的绿色物流体系 [J]．生产力研究，2007 (17)：63-65.

[135] 赵媛，徐风光．绿色物流的经济性分析与发展策略研究 [J]．世界海运，2004 (12)：29-31.

[136] 杨金梅，霍彩珍．浅析我国绿色物流的发展 [J]．物流管理，2008 (3)：19-20.

［137］王国文．美国物流管理协会（CLM）发布的供应链管理、物流管理最新定义［J］．中国物流与采购，2005（1）：30.

［138］国务院．《物流业调整和振兴规划》［R］.2009（3）.

［139］王国文．美国物流发展趋势对中国物流的影响［J］．水路运输文摘，2005（7）：38－39.

［140］JEAN－PAUL RODRIGUE，BRIAN SLACK，CLAUDE COMTOIS. Green Logistics［M］. London：Pergamon/ElsevieL，2001.

［141］H J WU，S DUNN. Environmentally responsible logistics system［J］. International journal of physical distribution and logistics management. 1995，25（2）：20.

［142］ARCH SHAW. Some problems in market distribution［M］. Kessinger Publishing，2010.

［143］BJORN N，PETERSEN，PALLE PETERSEN. Green logistics［D］. Derunark，1999.